厳選50ルートから選べる

京都・大阪・神戸名建築さんぽマップ

増補
改訂版

円満字洋介

JN041179

X-Knowledge

京都・大阪・神戸
名建築さんぽマップ
CONTENTS

はじめに

　本書は二度目の改定となった。初版の2011年の「京都大阪神戸［名建築］ガイドブック」は500物件を収録した。近代建築のガイドブックとしては1984年の「近代建築ガイドブック［関西編］」（鹿島出版社）以来27年ぶりだった。おかげさまで多数の都市散策者に利用されて2016年に改訂版「京都大阪神戸名建築さんぽマップ」を出すことができた。5年のあいだに24件が無くなっていたので別のものに差し替えた。それから7年が経って29件が無くなっていた。差し替えたものとは別に建物の利用形態が変わるなどした16件を書き直している。

　わたしは修復設計の実務家なので、説明に当たっては工法やデザイン手法などを分かる範囲で紹介した。また、関西の近代建築を切り拓いた建築家である河合浩蔵と片岡安を意識的に取り上げた。ちなみに文中の「大阪ロマネスク」「ジャズ建築」などは筆者の造語なので一般には通用しない。

　本書で取り上げた建築のほとんどが非公開なので建物をお使いになる方々の日常を乱さないよう気をつけたい。熱中するあまり内部に踏み込んで非公開となった建物もある。ただし建築は見て楽しむものである。楽しむ人が増えれば保存の機運も高まるというものだ。「触らない」「内部ではリュックを下ろす」「私有地に入らない」などに気をつけながら楽しく見学しよう。

2023年6月　　円満字　洋介

データ出典

　本書に掲載の建築物情報は、下記［1］［2］［3］の巻末リストに拠っている。その他の出典資料に拠るものは、データ欄に下記［4］～［24］の番号を付記しておいた。

［1］「京都市の近代化遺産産業遺産編「同近代建築編」京都市文化市民局編集発行、2006年
［2］「大阪府の近代化遺産」大阪府教育委員会発行、2007年
［3］「兵庫県の近代化遺産」兵庫県教育委員会事務局文化財室編集発行、2006年
［4］「近代建築ガイドブック関西編」石田潤一郎他著、鹿島出版会 1984年発行
［5］「大阪の建築ガイドブック第3版」（社）大阪府建築士会 1982年発行
［6］「ガイドブック大阪の建築」（社）大阪府建築士会 1972年発行
［7］「コンクリート造の寺院建築」横山秀哉著、（株）彰国社 1977年発行
［8］「村野藤吾建築案内」村野藤吾研究会編、TOTO出版 2009年発行
［9］「建築MAP京都」ギャラリー間編、TOTO出版 1998年発行
［10］「建築MAP大阪／神戸」ギャラリー間編、TOTO出版 1999年発行
［11］「神戸の近代洋風建築」神戸市教育委員会・神戸近代洋風建築研究会編、神戸市 1990年発行
［12］建築と社会臨時増刊号「昭和生まれ関西の建築家50」（社）日本建築協会 1987年発行
［13］「大林組八十年史」大林組社史編集委員会編、大林組発行、1972年
［14］「日本の建築家」新建築 1981年12月臨時増刊号、松村貞次郎他監修、新建築社発行、1981年
［15］「棚橋諒」棚木会編集発行、1973年
［16］「大阪ビル景」石原祥著、光村推古書院発行、2013年
［17］「京都大学建築八十年のあゆみ」京都大学大学広報委員会編集発行、1977年
［18］「ふくやま美術館開館15周年記念、武田五一・田辺淳吉・藤井厚二、日本を意匠した建築家たち」ふくやま美術館編集発行、2004年
［19］「日本近代建築総覧―各地に遺る明治大正昭和の建物」日本建築学会編、技報堂出版発行、1983年
［20］所有者や設計者・施工者などのホームページ、不動産情報、文化遺産オンライン（文化庁）
［21］礎石や碑文、現地の説明板などの情報
［22］著者による調査
［24］手許にデータなし

本書の見方

本書は 27 のエリアページと 50 のルートが掲載されたページで構成されています。
エリアページにはエリアの地図とその範囲内のルートおよび「ひとやすみ」スポットを掲載しています。

エリアページ

MAP 番号

「ひとやすみ」スポット
ルートに隣接したお勧め
の休憩スポットを紹介

ルート番号とルート名
ルートインフォメーション
各ルートのクラス分類・総距離・参考
タイム（※1）・消費カロリー（※2）・建
築物数・スタート駅／ゴール駅

（※1）参考タイム：総距離をゆっくり歩く速度
（50m／分＝3km／時）で算出（速度は個
人差があり、見学時間は含まないので目安
として判断ください）

（※2）消費カロリー：体重 60kg の方がゆっくり
歩く速度で歩いた場合を表記（体重、ル
ート難易度により誤差があります。目安と
して判断ください）

MAP 4 | 東山エリア

ROUTE 12 清水五条ルート ★★★ 中級
総距離 3.9km／参考タイム 1h18m
消費カロリー 190kcal／建築物数 10
京阪清水五条駅
京阪清水五条駅

ルート
スタート駅から建築物をめぐり、
ゴール駅までの推薦ルート

ルートページ

ルート番号・ルート名

表彰マーク
国宝・重要文化財・国史跡、登録有形
文化財を表彰マークアイコンで表示

ROUTE 5
堀川・烏丸丸太町ルート
京都出身の建築家
松室重光を堪能しよう

── のルートにも登場する建築家松室重光はまだわからないことが多いが、作
⌐⌐ 風を丁寧に読めば、彼がいかに図抜けてデザイン力があったかがわかる。彼
の大作京都府庁は内部も公開されていて、内装がほぼそのまま保存されており必見
である。

→ バーガミニーの上品な教会

JR二条から北へ線路沿いに歩き、丸太町
通りに抜ける手前の京都聖三一教会は、信徒
の園部秀治氏の基本設計をもとにミッション
系の建築家バーガミニーが設計した。バーガ
ミニーは、後で見る平安女学院昭和館もそう
だが、手書い中にも上品な柔かみのある建築
を作る。この教会は1999年に修復されたが、
丁寧な修復で見ていて気持ちが良い。礼拝堂
のある2階の窓もきれいに洗ったようで、ガ
ラスには色がついているように見える。

日本聖公会 京都聖三一教会
1930年 園部秀治、J.W.バーガミニー
京都の中京区丸太町通六軒町下ル室屋町中町

アイコン凡例

🏠 宗教施設（和）
⛪ 宗教施設（洋）
🏛 教育施設
🏢 商業ビル
🏢 企業ビル・事務所ビル
🏫 駅舎・交通施設
🏥 病院・医院
🏛 公共施設
🏠 個人邸
💲 金融機関・郵便局
🏨 ホテル・旅館・温泉・銭湯
🏛 官公庁・大使館
🎧 ホール・劇場・競技場
🍴 飲食店
⚔ 軍事施設
🏭 工場・倉庫・発電所
🗿 土木物件・公園・像・碑
🏠 警察署・交番
🏛 博物館・美術館
🏢 集合住宅
🏯 城

表彰マーク凡例

🏆 国宝・重要文化財
・国史跡

🎖 登録有形文化財

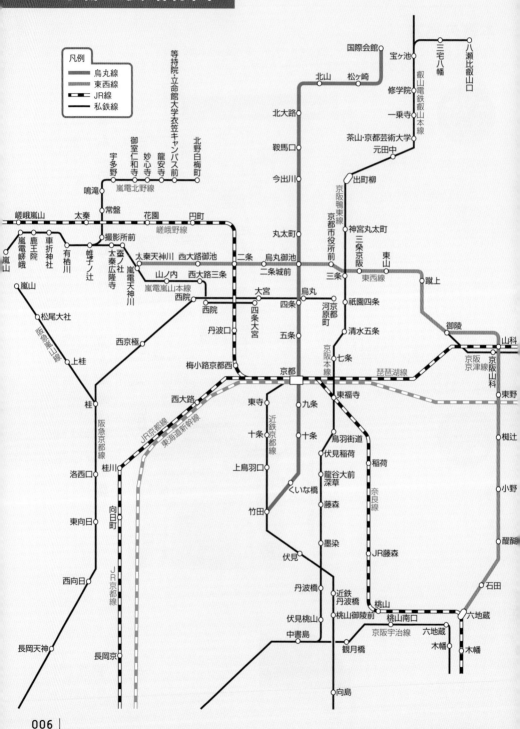

京都エリアマップ

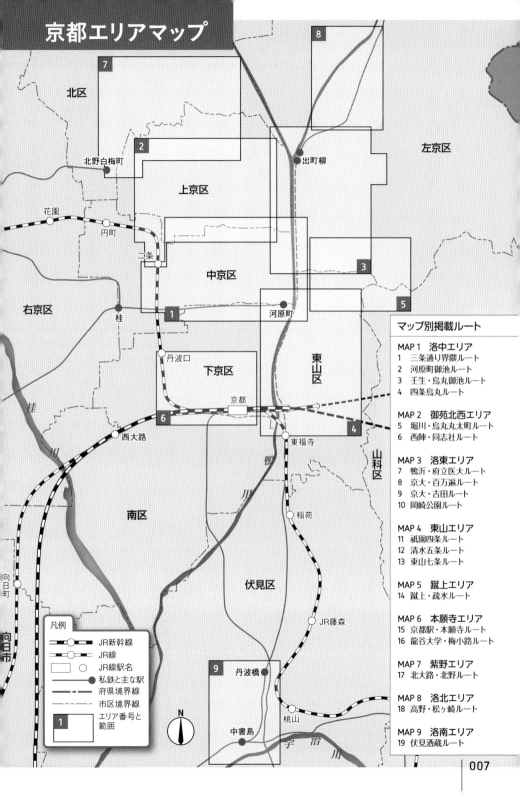

北区

左京区

上京区

中京区

右京区

下京区

東山区

山科区

南区

伏見区

北野白梅町

出町柳

花園

円町

二条

桂

丹波口

河原町

京都

西大路

東福寺

稲荷

JR藤森

丹波橋

桃山

中書島

向日町

向日市

マップ別掲載ルート

MAP 1　洛中エリア
1　三条通り界隈ルート
2　河原町御池ルート
3　壬生・烏丸御池ルート
4　四条烏丸ルート

MAP 2　御苑北西エリア
5　堀川・烏丸丸太町ルート
6　西陣・同志社ルート

MAP 3　洛東エリア
7　鴨沂・府立医大ルート
8　京大・百万遍ルート
9　京大・吉田ルート
10　岡崎公園ルート

MAP 4　東山エリア
11　祇園四条ルート
12　清水五条ルート
13　東山七条ルート

MAP 5　蹴上エリア
14　蹴上・疏水ルート

MAP 6　本願寺エリア
15　京都駅・本願寺ルート
16　龍谷大学・梅小路ルート

MAP 7　紫野エリア
17　北大路・北野ルート

MAP 8　洛北エリア
18　高野・松ヶ崎ルート

MAP 9　洛南エリア
19　伏見酒蔵ルート

凡例

JR新幹線
JR線
JR線駅名
私鉄と主な駅
府県境界線
市区境界線
エリア番号と範囲

N

007

MAP 1 洛中エリア

上京区

二条中⊗

朱雀高⊗

⊗中京中

二条城
本丸御殿●
●二の丸御殿

竹屋町通

竹屋町通

押小路通

一条城前

神泉苑

堀川御池

二条陣屋
（小川家住宅）●

旧教業小学校

神泉苑通

大宮通

猪熊通

堀川通

中京区役所●

丸太町通

京都市営東西線

38

ROUTE **3** 壬生・烏丸御池ルート

BiVi二条

二条駅東口

千本通

立命館大学朱雀キャンパス

❸ 壬生・烏丸御池ルート

三条通

千本三条

二条薬業会館

山陰本線（嵯峨野線）

芋松温泉

NISSHA本館

四条通

阪急京都線

➡ 小地図のルートに続く／大地図のルートへ戻る

文椿ビルヂング

中京区

三条通
西洞院通
油小路通

室町通
新町通

八竹庵

六角通

京都逓信病院

ROUTE **3** 壬生・烏丸御池ルート ★★ 中級 ★★

総距離 5.6km／参考タイム 1h52m
消費カロリー 273kcal ／建築物数 10
JR二条駅
➡地下鉄烏丸御池駅

卍 空也堂極楽院

蛸薬師通

京都芸術センター
錦小路通

LAQUE四条烏丸

市バスみぶ操車場●
中京警察署✕

四条大宮

四条堀川

四条西洞院

四条烏丸

嵐電嵐山本線

大宮

阪急京都線

京都経済センター

四条大宮

宮川美髪館

綾小路通

COCON烏丸

仏光寺通

下京区

N

0　　　　　　300m
Scale 1/10000

高辻通

旧成徳小学校

古代友禅苑●

身体がよろこぶごはんカフェ まの mano a mano

松原通

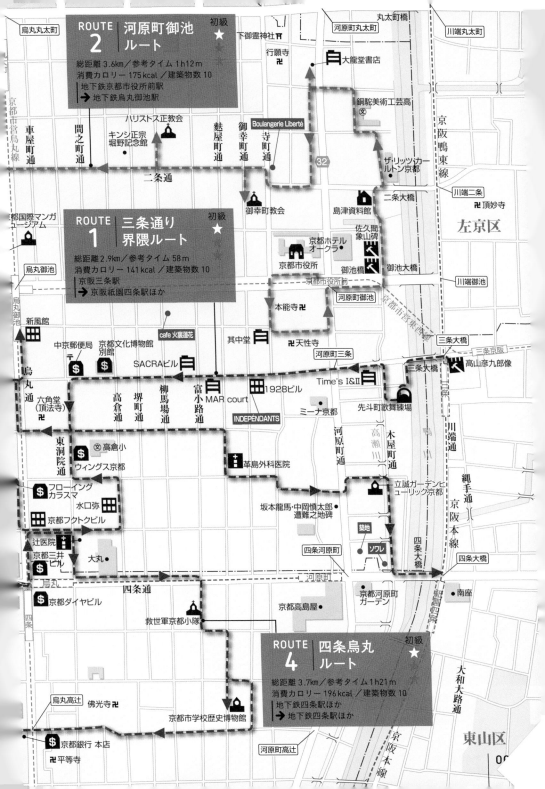

三条通り界隈ルート

三条通りは近代化のメインストリートだった

三条通りは近代建築の多く残る通りだ。祇園祭のメイン会場となる四条通りが町衆の通りであるのに対して、三条通りは東海道へ続くオフィシャルな京都の中心街といえる。だからこそ、日銀や郵便局、金融機関が集中しているのだ。三条通りと東洞院通りの交差点に郵便局が置かれたのは、明治初年のそこが京都の中心だったからにほかならない。逆にいえば、郵便局があれば、そこがその町の中心だということだ。建築探偵的な町読み手法である。

高山彦九郎先生皇居望拝像台座　　[22]
1928年　武田五一
京都市東山区三条大橋町三条京阪駅前

→ 京阪三条の待ち合わせ場所

京都最初のこのルートは、三条大橋東詰めの意外なものからスタートする。

武田五一に限らず戦前の建築家は少なからず街路設備のデザインをしている。橋梁、街灯、噴水、記念碑、そうした要素が都市の街路の個性を作り出していた。この高山彦九郎像は戦後復元されたものだが、台座はオリジナルのままだ。

→ 鴨川沿いの有名建築

　高山彦九郎像から鴨川の対岸に見える先斗町歌舞練場は、劇場建築の名手と謳われた木村得三郎の設計だが、武田が指導をしている。主に平面プランの指導をしたのだろう。この劇場は先斗町の通り側に舞台がある。通りに面して大道具の搬入口を堂々を見せる劇場というのは珍しかろう。そのおかげで鴨川側がホワイエ[※]になった。残念ながら鴨川側への増築で開放感は薄れたが、ホワイエを鴨川に開くのは京都をベネチアに見立てた考え方で、とてもおもしろい。

先斗町歌舞練場
1927年　木村得三郎（武田五一設計顧問）
京都市中京区先斗町通三条下ル橋下町

→ 高瀬川と建築の融合

　木屋町通りから三条通りに戻る角のTime's I & II。これほど大胆に高瀬川を使った建築は他にない。水面すれすれのテラスへ下りると、町の喧噪がふっと遠ざかる気がする。建物の内部は、ちょっとした迷路になっていて、やっぱりここもベネチアなんだと思う。都市は水辺を楽しむ文化を本来的に持っていて、武田たちはそれに取り組んでいたが、この建物はそのことをもう一度思い起こさせてくれる建築だ。

Time's I & II　　　　　　　　　　[9]
1984、1991年　安藤忠雄／安藤忠雄建築研究所
京都市中京区三条通河原町下ル

→ 武田の洒落心全開

　三条通りを西へ、寺町通りを越えた左手の1928ビルは、洒落の好きな武田の作品だ。ここでは毎日新聞の社章を模した星型窓を見ることができる。よく見ると星の中に「毎」の字が読めるだろう。よくできているのは、この窓が開閉可能ということだ。友人の武田ファンによれば、武田の建築の特長は水平線の強調、バルコニー、あっさり感の3つだが、この建物にもちゃんとバルコニーはある。このバルコニーは祇園祭の山鉾巡行を采配する扇子をかたどっているとわたしは思う。

※ホテル・劇場などの休憩室。エントランスから続くホールまでの大きな空間を指す

1928ビル（旧毎日新聞社 京都支局）
1928年　武田五一
京都市中京区三条通御幸町海老屋町

MAR court 京都三条店（旧家邊徳時計店）
1890年　設計者不詳
京都市中京区三条通富小路東入ル中之町

SACRA ビル（旧不動貯蓄銀行京都支店）[20]
1916年頃　日本建築株式会社
京都市中京区三条通富小路西入中之町20

京都文化博物館別館（旧日本銀行 京都支店）
1906年　辰野金吾・長野宇平治
京都市中京区三条通高倉西入ル菱屋町

→ 京町屋大工の技術力

　三条通りを西へすぐの旧家邊徳時計店には
アーチが3つある。しかし、それを受ける柱
がない。宙に浮いたアーチなのだ。レンガや
石材をふんだんに使ったファサードでありな
がら、それは両端の壁だけが支持している。
おそらく京町家と同じように、軒を支えるた
め「てこの原理」を応用した通し腕木を仕込ん
でいると思われる。京町家大工の高い技術が
この特徴的なファサードを支えているのだ。
ちなみに竣工当初は時計塔が載っていた。

→ レンガ石貼りのロマネスク風

　三条通りと富小路通り角のSACRAビル
は、竣工当時の姿をうまく残しながらテナン
トして活用している。外観は幾何学的で装飾
分解の進んだセセッション様式である。正面
上部の銅板製の社章は、ＡとＲを図案化した
ものだ。その両脇にトーチがある。トーチと
は松明のことで、その先に火炎も作られてい
る。こうした屋根回りの銅細工は壊れて失わ
れることが多いが、ここではきれいに残って
いる。当初の丁寧な板金仕事と、その後のメ
ンテナンスの良さを褒めるべきだろう。内部
は階段回りが見事だ。とくに、階段親柱の上
部の山食パンに似た形が愛らしい。

→ 京都は日銀も赤かった

　西に進むと、武田や片岡安の師である辰野
金吾設計の旧日本銀行京都支店だ。赤レンガ
に白ラインは辰野式と呼ばれ、東京駅もそう
なっている。不思議なのは他の都市の日銀は
ほとんど石貼りなのに、京都は赤レンガであ
ることだ。通りが狭く、引きがないので、重
厚なデザインは無理があり、中世風の赤レン
ガ建築となったのだろう。それとは別に、そ
もそも京都人は赤レンガが大好きなのかも知

れない。国立博物館も京都だけ赤いからね。

→ ここが京都の中心だった

旧日本銀行京都支店の並び、同じく赤レンガの中京郵便局は、壁面保存の最初期の事例だ。郵政の建築部局の建築家は、山田守のように建築界をリードしてきたが、保存の面でも一歩先を進んでいるのだ。

→ 蔦の絡まるドイツ風洋館

東洞院通りを南へ、六角通りを東へ、さらに麩屋町通りを南へ向かうと現れる革島外科医院は、とても大事にお使いになっているため、これほど大きな洋館でありながら保存状態が良い。ドイツ民家風なのは初代院長がドイツ留学帰りだったからだそうだ。あめりか屋と一緒になって楽しみながら作った建築である。地域医療の拠点である医院建築は市民に親しまれているものが多い。作る側も最初から街路風景に貢献することを意識しているからだろう。明治以降、洋館が町並みに受け入れられていく過程で、医院建築の果たした役割は大きい。

→ 遊び心あふれる学校建築

ルート最後、高瀬川沿いの立誠ガーデンヒューリック京都は、校舎の一部を保存したうえで増築されてホテルやショップが入っている。図書室やイベント広場も備えており、地域活動の拠点ともなっている。畳敷きの作法室が残されており、地域活動やイベントなどに活用されている。外観はバルコニーの植物模様に力がある。アプローチの橋の欄間に波型の鉄棒を仕込んでいるのもおもしろい。数世代にわたって使われた学校建築は、地域住民の記憶継承の貴重な要なので、まちづくり拠点にふさわしい。

中京郵便局
1902年　吉井茂則、三橋四郎
京都市中京区三条通東洞院北東角

革島外科医院
1936年　あめりか屋 京都店
京都市中京区麩屋町通六角下ル坂井町

立誠ガーデンヒューリック京都
(旧立誠小学校)　　　　　　　　　　[20]
1928年（2020年改修）　京都市営繕課（改修設計：竹中工務店）
京都市中京区蛸薬師通河原町東入ル備前島町310-2

河原町御池ルート

京都市役所界隈は、名建築がめじろ押しだ

市役所から北は、赤レンガの教会など見どころが多い地域だ。比較的町家も残っており、家具商の夷川通り、薬種問屋の二条通りなど、江戸時代以来の地域特性もよく残っている。市役所は何度か建て替えの話が持ち上がったが、結局そのまま使われている。最近の研究で、武田五一の弟子たちがインド様式を試したことが分かってきた。その後武田グループはより簡素で明るいモダニズムへと作風が移っていく。そのほうがよっぽど日本的だと思うのだが、1920年代のインド様式への熱狂も多少うらやましい。

京都市役所 本館
1927・1931年　中野進一・武田五一
京都市中京区御池通河原町西入ル

→ インド起源の不思議装飾

ルート最初の京都市役所本館は、洋風とも和風ともつかない不思議な装飾に覆われている。それがどうやらインド起源らしく、伊東忠太の提唱した日本建築インド源流説の具体的なデザイン展開をやっていたらしいのだ。玄関ホールから中央階段室あたりはよく残っているので見ておくと良い。2021年に改修され免震化された。復元された正庁の間は、たまに公開されているが必見である。

→ 日本的モダニズム

御池通りを渡って、寺町通りを南へ向かうと、仏教書関係の古書店書林其中堂だ。2階バルコニーの欄干は法隆寺そっくりだ。八木清之助は1929年京大卒だから、武田の生徒で、この建物は若いころの作品ということになる。武田は、生涯古社寺保存にたずさわったが、とくに法隆寺との縁は深い。1924年には法隆寺の防火設備工事にも関わっていたうようなので、これはその成果ともいえるだろう。武田グループはインド様式だけに熱中していたわけではないのだ。古建築への傾倒が、その後の武田グループのモダニズムを日本的なものへと向かわせたのだろう。

書林其中堂
1930年　八木清之助
京都市中京区寺町通姉小路西側天性寺前町

→ ひっそり残るアールデコ

河原町通りから東へ、高瀬川に架かる御池橋は、手すりのかさ上げをしたが、基本的には元のままだ。手すりのブロンズ製レリーフや幾何学模様の入った橋名板がよくできている。親柱は古いがブロンズ部分は戦後のものかも知れない。

御池橋
建築年・設計者不詳
京都市中京区木屋町通御池一之船入町

→ 山を象る象山碑

木屋町通りを高瀬川沿いに北へ向かうと、武田のデザインした佐久間象山碑がある。佐久間象山は松代藩出身の兵学者だったが幕末にこの地で暗殺され、親交のあった京都近代派の山本覚馬らがここに記念碑を建てた。わたしにはこの碑が「山」という字に見える。これは「山」を「象る」という武田一流の洒落ではないか。そう思うとそれ以外には見えない。武田はおもしろいな。

→ 島津の歴史を物語る

一之船入を越えた左手の島津創業記念資料館は、古い写真と今とでファサードが違うこ

佐久間象山先生遭難之碑　　　　　[18]
1915年　武田五一
京都市中京区木屋町通御池上ル一之船入町

島津創業記念資料館
南棟：1888年・北棟：1894年　設計者不詳
京都市中京区西木屋町通二条下ル西生州町

大龍堂書店 　　　　　　　　　　[9]
1982年改修　吉村篤一、建築環境研究所
京都市中京区新椹木町通竹屋町上ル西革堂町
175

日本基督教団 京都御幸町教会
1913年　W.M.ヴォーリズ
京都市中京区御幸町通二条下ル山本町

とが指摘されている。北館は当初漆喰塗りの土蔵造りだったようだ。今は窓の下に船ひじき、上には法隆寺金堂と同じ人型のかえる股。つまり、書林其中堂と同じような古社寺の手法が散りばめられているのだ。庇下で垂木を２本ずつまとめている吹き寄せ垂木も珍しい。北館１階の桜のステンドグラス下はショーウインドウだったように見える。その柱頭も船ひじきだが純和風ではなく、柱にウイーン分離派風の刻み模様が入っている。２階窓まわりと改造時期が違うのかも知れない。

→ 京都の建築サロン

　旧銅駝高校を右手に見て左折、河原町通りを渡って１本西の通りには、建築業界の駆け込み寺とも呼ばれている建築書の専門店大龍堂書店がある。大きなガラスウインドウと格子戸のシンプルな構成に、町家らしさのエッセンスを感じる。この店は戦前は違う場所にあり、そこで建築系のサロンが開かれたそうだ。その後先代がこの町家を買い取って店舗としていたが、建築家吉村篤一氏が改修した際に店の一角にサロンを復活させた。京都建築フォーラムの建築家や市内の建築学生たちが今も集まってくる。

→ ヴォーリズと京建具の見事なコラボ

　二条通りを西へ、　御幸通りを下ると、ヴォーリズ初期の作品の京都御幸町教会だ。ポインテッドアーチの美しいアメリカンゴシックで、プロテスタントの教会にふさわしい質素で端正な作品である。飾りっ気がないかといえばそうではなく、レンガの模様貼りと木製建具が見どころだ。アーチの両端を長方形の石が受けている。そこから地面までレンガの模様貼りで柱のようなものを表しているのがおわかりだろうか。その柱の内側に玄

関アーチがすっぽりおさまっている。上手い
デザイン処理だ。窓は円弧をいくつも重ねた
複雑なゴシック模様だが、それを木製建具で
表現していることに驚く。さらにおもしろい
のは下部が引き違い窓になっていること。そ
れが何の違和感もなく納まっている。

→ 純白の瀟洒な教会

再び二条通を西へ、柳馬場通りを北に向かっ
た京都ハリストス正教会生神女福音聖堂は、
東京のニコライ堂と同じギリシャ正教会の教
会堂である。窓廻りや玄関ポーチの木製の装
飾が美しいが、装飾に大仰なところがなく、
小さく控えめであるところが親しみやすさを
生み出している。

京都ハリストス正教会 生神女福音聖堂
1901年　松室重光
京都市中京区柳馬場通二条上ル六町目

→ 磨けば光る街角の小作品

二条通りは江戸時代以来の薬種問屋街で、
烏丸通りを越えたここに薬の神さまが祀って
あり、そのとなりが二条薬業会館だ。角を丸
くした庇がインターナショナルスタイルとい
うか、アールデコというか、両端の丸窓が目
に見え、窓割りがどこか和風なのもおもしろ
い、街角の愛すべき作品だ。きれいにしてあ
げれば、もっと見栄えがするだろう。

二条薬業会館
1936年　木村工務店
京都市中京区二条通室町東入ル東玉屋町487

→ これも学校建築の再利用法

ルートの最後の京都国際マンガミュージア
ムは、元は龍池小学校だった。いまも地域活
動の拠点となっている。玄関まわりの幾何学
的なデザイン処理はアールデコだ。玄関左に
残っている旗棹受けの金物がとてもおもしろ
い。こうしたディテールを見つけることが建
築探偵の楽しさだ。旗を立てる時には、カッ
プ形の受け金物を少し傾ける。

京都国際マンガミュージアム
（旧京都市立龍池小学校本館）
1928、1929年　京都市営繕課
京都市中京区両替町通押小路下ル金吹町

壬生・烏丸御池ルート
二条駅界隈へは染め物業者が集まった

条駅界隈は鉄道開通とともに倉庫街となり、駅の西側は田園地帯だった。そこへ綿ネル製造のレンガ造り工場が立地してから歴史的風景は展開する。工場のまわりに京染め業者たちが市内から移ってきた。堀川沿いは江戸時代以来、京染め業者の集まっていた地域で今でも染め物屋が多い。堀川は戦後もずいぶん長く友禅流しの光景が見られた。この地域は京都のなかでもまちづくりに熱心な地域のひとつとして知られ、工房めぐりなどのイベントも開かれている。

芋松温泉　　　　　　　　　　[24]
建築年・設計者不詳
京都市中京区壬生森町40-9

→ 唐破風を備えた銭湯

　JR二条駅から南へ向かう、NISSHAの西側の地域は、戦前の借家街がまるごと残っている。借家街につきものなのが銭湯だ。この芋松温泉も周辺借家街とほぼ同時にできたと考えてよい。唐破風を備えた立派なつくりである。もしルートを逆にたどったなら、ここでひと風呂浴びたいところだ。

→ 赤いレンガ工場と白い洋館事務所

　七本松通りと山陰線にはさまれたNISSHAには、いろんなタイプのレンガ造りの工場がある。これだけまとまって残っているのは関西では珍しく、南側の正面入り口近くには、２階建ての旧事務所棟も見える。

　この工場は、元は綿ネルの製糸から織布までの一貫工場で、1000名以上が働く大工場だった。まわりに集まったのは、市内から移ってきた京染め業者たちだ。当時、二条から壬生へかけては一大染業地帯だったのだ。

NISSHA 本館
（旧日本写真印刷 本館、
旧京都綿ネル会社 本社事務所）
1906年　設計者不詳
京都市中京区壬生花井町3

→ 三角出窓がかっこいい

　壬生川通りを四条通りから北へ向かい、姉小路通り沿いの旧京都市立教業小学校は、正面の三角出窓がスマートでかっこいい。アールデコといっても良いだろう。出窓を含めてスチール製のサッシがほぼ残っているのも珍しい。アルミよりもスチールのほうが強度があるのでラインは細くなり、よりシャープな造形が可能だ。タイルも砂岩に似た感じの珍しいものを使っている。

旧京都市立教業小学校
1932年　京都市営繕課
京都市中京区大宮通御池下ル三坊大宮町

→ 和と洋の不思議な調和

　堀川通りを越えて三条通りを東へ、新町通りを南へ向かったこの八竹庵は、京都を代表する呉服商美濃利の井上家住宅として建てられた。数寄屋大工の上坂浅次郎が手掛けた名建築である。玄関脇の応接間と２階洋間は建築家武田五一のデザインで、和風と洋風のデザインを混ぜた武田好みのインテリアを楽しむことができる。その後、建物は京染の襦袢メーカーであった川崎家の所有となった。川崎家は所有権を自社へ移し、襦袢美術館・紫織庵として活用してきた。2021年に町家再生を手掛ける「くろちく」が取得し、翌22年より八竹庵として公開されている。

八竹庵（旧川崎家住宅）　　　　[20]
1926年　上坂浅次郎、武田五一
京都市中京区三条町340

京都芸術センター
（旧京都市立明倫小学校）
1930年、1931年　京都市営繕課
京都市中京区室町通蛸薬師下ル山伏町

フローイングカラスマ
（旧北國銀行 京都支店）
1916年　辰野片岡建築事務所
京都市中京区烏丸通蛸薬師下ル手洗水町

水口弥（旧笹屋倉庫）
大正から昭和初期　設計者不詳
京都市中京区高倉通錦小路上ル

→ 祇園の街風景に馴染む学校建築

　1本東の室町通りの京都芸術センターは、旧京都市立明倫小学校だ。京都の小学校は、町衆が自分たちで出資して設立し、国の学制に吸収されるまで学校の先生の給料も自分たちが払った。つまり地域立の学校だったのである。この建物にも地域で集められた寄付金がふんだんに使われている。こうした支援は学校建築に地域性を反映させることにもなった。ここは祇園祭地区なので、正面の階段室は鉾をかたどったといわれている。3つの丸窓と2本の角を持ち、一見かたつむりのようにも見える。校舎内部もほぼ竣工時のまま残されており必見だ。現在、芸術センターとして活用されており部分的に入場もできる。カフェもあるぞ。

→ 片岡らしいセセッション

　烏丸通りと蛸薬師通り角のフローイングカラスマは、片岡安らしいセセッションスタイルだ。片岡は建物を1枚のタペストリーのごとくデザインする。ボリューム感もなく、陰影は薄く、簡略化された装飾を平面的に散りばめるのが特徴だ。この建物はそんな片岡好みの典型である。

→ 洒落たレンガ造の元馬小屋

　高倉通りの水口弥は、元運送業者の馬小屋だと聞いている。入り口が左に寄っているのは、右側に馬を入れたからか。旧笹屋倉庫ともいい、アーチのキーストーンの「さ」は笹屋の「さ」で、よく見れば、隣接する土蔵の鬼瓦下にも「さ」はある。京都商工大鑑（1928）の運送業者一覧に笹谷清次郎があり、住所もぴったりなので笹屋はこの人なのだろう。その後笹屋がどうなったかよりも、ここにいた馬たちがどうなったのかが少し気になる。

→ 冬しか見えないファサード保存

　水口弥のひと筋西には、**ウィングス京都**がある。せっかく外壁保存したのに、なぜこんなにたくさん街路樹を植えるのか。ファサードは木の葉の落ちた冬に見るのがよろしい。

→ マンサード屋根に窓が残る

　烏丸通りから三条通りを西へ入った**文椿ビルヂング**、竣工時は西村貿易の社屋だった。西村家は京都を代表する京友禅の老舗千總の当主で、高島屋の飯田家と並んで伝統工芸の近代化に功績のあった家柄だ。

　さて、この建築はファサードが改造されている。1、2階窓の間の縦ラインは戦後の改造だろう。トップのくさり模様も当初は通っていたように見える。マンサード屋根（腰折れ屋根）に窓が残っているのは珍しく、銅板の飾りがアールヌーボー風かドイツ表現主義的に見える。

→ 電話局の転用例

　ルート最後の新風館は、2020年に隈研吾の設計でリニューアルオープンした。建物は逓信省の吉田鉄郎の設計で、1926年に竣工した。電話局として使われてきたが、2001年にリチャード・ロジャースの改修設計で商業施設「新風館」として再生した。このとき元の建物の東半分を失っている。今回のリニューアルでは、ロジャースの設計した部分を解体してホテル棟に建て替えている。北側玄関は吉田の設計した当初のもので、教会堂のような交差ボールト天井が見事だ。外壁のタイルの模様貼りも楽しんでほしい。

ウィングス京都（旧京都商工銀行） ［4］
1908年　藤森松太郎
京都市中京区東洞院通六角下ル

文椿ビルヂング
（旧西村貿易会社、旧次田染織株式会社）
1920年　設計者不詳
京都市中京区三条通烏丸西入ル御倉町79

新風館（旧京都中央電話局） ［21］
1926年（2020年改修）　吉田鉄郎（改修設計：ＮＴＴファシリティーズ、改修監修；隈 研吾建築都市設計事務所）
京都市中京区車屋町24

四条烏丸ルート

京都の中心市街地である鉾町を横断してみる

四条通りは室町時代以来の京都の中心街。今でも祇園祭の山鉾巡行の起点になっているのはそのためだ。戦前の都市改造で拡幅された四条通りへは商業系建物が展開するのに対して、烏丸通りへは主に金融系建物が建ち並んだ。烏丸通りと平行する室町通りや新町通りが、京都の伝統工芸を扱う業務地区だったことに対応したように見える。

京都三井ビル（旧三井銀行 京都支店）
1914年　鈴木禎次
京都市下京区四条通烏丸北東角

→ 京都近代化の恩人

　京都の中心街をまわる当ルートは、四条烏丸北東角からスタートしよう。

　京都の近代化にとって三井の存在はなくてはならないものだった。いわば京都近代化の恩人である。だからこそ都市改造で生まれたふたつの大通りの交差点にこの京都三井ビルは建っていると考えてよい。スタイルは新古典主義的だが、装飾が直線的で簡略化されていることから、新古典主義というよりむしろセセッション的といえる。

→ 正調新古典主義建築

　三井の南向かい、東南角の京都ダイヤビル
は、装飾は少ないが簡略化されているわけで
はなく、三井よりも正調な新古典主義建築
だ。コーナー部の裏へぜひまわってほしい。
室内の一部と竣工時の写真や図面が展示され
ている。保存された大理石の室内腰壁は宝石
のように美しい。壁面保存といってもほとん
どが作り直しとなってしまうので、大理石の
一部でもオリジナルを保存することは意義深
い。

→ 賛否分かれたリニューアル

　三菱の西向かいの旧丸紅京都支店は、ＧＨ
Ｑが使ったことでも有名だ。前面２層分の
外壁を解体し、新たにガラス壁を作ってリ
ニューアルされた。大胆でおもしろいデザイ
ンだけど、歴史的価値を活かしているかとい
えば議論の分かれるところ。わたしは、再度
転用するときに元に戻せるのが良いリニュー
アルだと考えている。

→ 70年代の「粋」建築

　烏丸蛸薬師南東角の京都フクトクビルは、
２階の庇にダウンライトがはめ込まれてお
り、夕暮れ時には低層部がパッと明るくな
る。この時代のビルは夜景も美しい。上層部
を黒く、下層部を白くしたのも夜景を考えて
のことかも知れない。黒い外壁材が窓ガラス
と同じくらいに磨かれているので、窓と壁と
の一体感が強い。そのおかげで黒いビルであ
りながら軽やかな印象を与えている。切り取
り線のように横へつながるガラリがちょうど
良いアクセントだ。

京都ダイヤビル（旧三菱銀行 京都支店）
1925年　桜井小太郎
京都市下京区四条通烏丸南東角

COCON 烏丸（旧丸紅 京都支店）
1938年（2021年改修）　長谷部・竹腰建築事務
所（改修設計：隈 研吾）
京都市下京区烏丸通四条下ル

京都フクトクビル　　　　　　　　　[13]
1975年　設計者不詳
京都市中京区烏丸通錦小路手洗水町670

辻医院
大正後期？　設計者不詳
京都市中京区東洞院通錦小路下ル東入ル
阪東屋町

救世軍京都小隊
1936年　W.M.ヴォーリズ
京都市下京区四条通富小路下ル徳正寺町

京都市学校歴史博物館
（旧京都市立開智小学校）
1935年　京都市営繕課
京都市下京区麩屋町通仏光寺下ル鍋屋町

→初期鉄筋コンクリート建築事例？

　東洞院通りに面して複数のテナントが入る
ビルがある。詳細不詳で何棟に分かれるのか
さえわからないが、京都市の資料どおり大正
時代だとすれば初期の鉄筋コンクリート建物
の事例となる。鉄筋コンクリートだったらの
話だが。南側にテラスをめぐらせるなど魅力
的なプランをしている。おもしろいのは角の
辻医院部分だけデザインが違うことだ。

→ アメリカンゴシックの小さな教会

　富小路通りの救世軍京都小隊は、アメリカ
ンゴシック様式だ。先の尖ったポインテッド
アーチはゴシック様式の特徴で、中世ゴシッ
ク様式のモチーフを簡略化して使ったアメリ
カ版ゴシックリバイバルだ。近年改修されて
少し変わったが、丁寧な仕事ぶりで建物が大
切にされていることが伝わってくる。わたし
は歴史的価値が損なわれなければ、少しぐら
い変わっても良いと思っている。それよりも
定期的に改修することのほうが建物にとって
大事だ。

→ 京都の小学校の歴史を伝える

　麩屋町通りの京都市学校歴史博物館は、小
学校統廃合にあたって各小学校所有の美術工
芸品などを収蔵展示している。京都の古い小
学校は、国の学制ができる以前に町衆たちが
自前で設けたもので、教材として寄贈された
美術工芸品は多岐にわたった。現在の入り口
は敷地の東側だけど、見るのは元の正面であ
る西側が良い。校庭側には木造の旧京都市立
成徳小学校の玄関が移築保存されている。

→ 60年代モダニズム建築

　高辻通りを西へ、烏丸通りの交差点にある京都銀行本店は、両端に立ち上がったブックエンドのような壁と壁の間を、開放感のあるバルコニーでつなぐことで、軽やかなイメージを作り上げている。1階上部の湾曲した庇は1960年代モダニズムの特徴のひとつ。両端の壁は、モルタルが乾く前に水洗いすることで、中の豆砂利を見せる洗い出し仕上げだ。粗い表面には小さな陰影がたくさん宿り、深みのある壁面に仕上がるわけだ。一方、バルコニー側はステンレスですっきり納め、古びてもまた良し。

京都銀行 本店　　　　　　　　　　　　　　[21]
1966年　設計者不詳
京都市下京区烏丸通松原上ル薬師前町700

→ 連続アーチが美しい

　さらに高辻通りを西へ進むと旧京都市立成徳小学校だ。砂岩で縁取られたロマネスク修道院風の連続アーチの美しさに見とれてしまう。東端のアーチが玄関で、アーチの縁飾りとその上両端のブロンズ製のレリーフが優しい。門柱に残されているブロンズ製の表札や、門柱上の復元照明も必見だ。さらに、西端のアーチにはアールデコ風な幾何学模様の門扉が残っている。

京都市立下京中学校成徳学舎
（旧京都市立成徳小学校）
1931年　京都市営繕課
京都市下京区室町通高辻西入ル繁昌町290

→ 職住一体の現役理髪店

　油小路通りと綾小路通り角の宮川美髪館は、洋館建ての理髪店である。この時代の洋館建て理髪店も少なくなった。親しみやすい外観で、よく手入れされている。大小の窓が不規則に並びながら、不揃いには見えない。窓と壁とのプロポーションがよいからであろう。ベージュ色のタイルは新風館のものとよく似ている。まちによく馴染むタイルである。

宮川美髪館
1927年　設計者不詳
京都市下京区石井筒町556

MAP 2 御苑北西エリア

妙蓮寺卍

寺之内通

卍釘抜地蔵(石像寺) 織成館●

御前通

七本松通

上立売通 卍雨宝院

翔鸞小⊗ 卍千本釈迦堂
(大報恩寺)

本隆寺卍

卍北野天満宮

五辻通

西陣中央小⊗
⊗嘉楽中

京都市考古資料館

西方尼寺卍

〒

今出川通 今出川智恵光院

京都銀行● ⊗千本今出川

上七軒 元誓願寺通

北野天満宮前

笹屋町通

七本松通

智恵光院通

大宮通

黒門通

×上京警察署

六軒町通

千本通

浄福寺卍 浄福寺通

卍智恵光院

宥青寺卍 ●こども文化会館

一条通

上京区

千本中立売

中立売通

御前通

山陰本線(嵯峨野線)

六軒町通

⊗正親小

中立売智恵光院

千本通

二条自動車教習所

裏門通

日暮通

猪熊通

ROUTE 5 堀川・烏丸
丸太町ルート

コープ

京都市営地下鉄東西線

二条駅西口

千本出水

ROUTE 5 堀川・烏丸
丸太町ルート 中級 ★★★

総距離 4.0km／参考タイム 1h20m
消費カロリー 195kcal／建築物数 10

JR二条駅
→地下鉄烏丸丸太町駅

下立売通

➡ 小地図のルートに続く／大地図のルートへ戻る

綾綺殿

横木町通

中央図書館● ●大極殿跡

丸太町七本松

千本丸太町

⊗二条城北小

丸太町通

土屋町通

京都聖三一教会

●NHK

187

京都市児童福祉センター

二条公園

山陰本線(嵯峨野線)

卍宝境寺

堀川寺之内
卍報恩寺

室町小⊗

烏丸寺之内

ROUTE
6
西陣・
同志社ルート
中級
★ ★

総距離 4.3km ／参考タイム 1h26m
消費カロリー 209kcal ／建築物数 10
├ 地下鉄烏丸今出川駅
→ 地下鉄烏丸今出川駅

上立売通

同志社大⊗

卍玉龍院

同志社
礼拝堂

クラーク
記念館

アーモスト館

同志社女子大学
栄光館

明徳館

同志社大

啓明館

同志社女子大・高・中

有終館

今出川御門

ⅲ白峯神宮

今出川通

堀川今出川

上京区役所

今出川

西陣織会館

今出川新町

烏丸今出川

元誓願寺通

晴明神社

武者小路通

乾御門

京都御所

Cafe de corazon

御常御殿

一条通

堀川中立売

上京中⊗

樂美術館

新町小⊗

府民ホールアルティ

烏丸中立売

中立売御門

中立売橋

清涼殿

紫宸殿

西陣IT路地

中立売通

京都ブライトンホテル

平安会館

蛤御門

京都市営烏丸線

上長者町通

KBS京都放送会館

油小路通

小川通

下長者町通

新町通

室町通

護王神社
ⅲ

堀川通

西洞院通

京都府庁

文化庁

368

烏丸通

仙洞御所

京都御苑

堀川団地

堀川下立売

旧滋野中学校

平安女学院 昭和館

聖アグネス
教会

京都第二
赤十字病院

N

0   300m

Scale 1/10000

大丸ヴィラ

拾翠亭

堺町御門

九条池

堀川丸太町

府庁前

烏丸丸太町

堀川・烏丸丸太町ルート

京都出身の建築家
松室重光を堪能しよう

このルートにも登場する建築家松室重光はまだわからないことが多いが、作風を丁寧に読めば、彼がいかに図抜けてデザイン力があったかがわかる。彼の大作京都府庁は内部も公開されていて、内装がほぼそのまま保存されており必見である。

日本聖公会 京都聖三一教会
1930年　園田秀治，J.V.W. バーガミニー
京都市中京区丸太町通六軒町下ル聚楽廻中町

→ バーガミニーの上品な教会

　JR二条から北へ線路沿いに歩き、丸太町通りに抜ける手前の京都聖三一教会は、信徒の園部秀治氏の基本設計をもとにミッション系の建築家バーガミニーが設計した。バーガミニーは、後で見る平安女学院昭和館もそうだが、手堅い中にも上品な暖かみのある建築を作る。この教会は1999年に修復されたが、丁寧な修復で見ていて気持ちが良い。礼拝堂のある2階の窓もきれいに洗ったようで、窓のガラスの色がよく分かる。

→ モダニズム要素をちりばめた

　千本通りを渡って、二条城方向に進むと、旧京都市児童院が改修されて使われている。旧玄関は残念ながら塞がれているが、玄関まわりはボウウインドウ（弓形窓）や円窓、アーチ窓などにぎやかだ。後ろ側の東面に半円筒形の張り出しがあるのもおもしろい。

→ 昭和20年代の地域再生団地

　NHKの横を通り、丸太町智恵光院から下立売通りを経て堀川通りに抜ける。堀川通りは、戦時中の建物疎開で拡幅された。建物疎開とは、空襲に備えて延焼防止のための空地を強制的に作ることだ。この疎開のため堀川の西側の町並みはいっせいになくなってしまった。戦後、地域再生のために建てられたのが堀川団地だ。1階は店舗で商店街となっている。京都府住宅供給公社は地域や商店街と協議し2013年に「アートと交流」をテーマに団地再生に取り組むこと決めた。建物を改修しながら順次工芸家や美術家の入居を進め、アートによるまちづくり拠点をめざしている。

→ 今なお現役の石造アーチ橋

　堀川通りを北上して、中立売通りにあるのが中立売橋、石造のアーチ橋だ。アーチも手すりも路面さえもすべて石造りだ。河床が遊歩道になっているので、石造アーチを下から隅々まで観察できる。第一橋を鶴の橋、下流の第二橋を亀の橋と呼んだそうだ。第一橋の南側に、旧京都電気鉄道北野線のレンガ橋脚（1900年）が残っているのも見逃せない。

→ 清楚なアールデコ校舎

　東堀川通りを南に下がり、下立売通りを東に向かった右手の旧滋野中学校は、元は滋野

京都市児童福祉センター（旧京都市児童院）[19]
1931年　設計者不詳
京都市上京区千本通竹屋町東入ル主税町

堀川団地　　　　　　　　　　　　　　　[21]
1950年、1952年、1953年　京都府住宅協会
京都市上京区奈良物町、桝屋町、元福大明神町

中立売橋（堀川第一橋）
1873年　設計者不詳
京都市上京区中立売通堀川東入ル

旧滋野中学校（京都まなびの街生き方探求館）
1937年　京都市営繕課
京都市上京区西洞院通下立売下ル
東裏辻町402

京都府庁 旧本館　　　　　　　　　　　[9]
1904年　松室重光、久留正道、一井九平
京都市上京区下立売通新町西入ル
藪之内町

文化庁庁舎（旧京都府警本部）　　[19][21]
1929年（2023年改修）　設計者不詳
（改修設計：株式会社日本設計関西支社）
京都市上京区下立売通釜座東入ル藪之内町

小で戦後中学校に変った。コーナー部の曲面が利いている。白いタイルを使った清楚なアールデコだ。角に消防車庫があるのは、明治2年にできた各学区の小学校会社が防災拠点を兼ねていたなごりだ。おもしろいのは、北側と東側で立面が違うこと。北側は階ごとに横ラインが入っている。それが水平を強調して伸びやかな印象を与えてくれる。当時まだ国の小学校制度が未策定だったため京都は独自のシステムのもとで小学校を開き、通学エリアでのし尿処理などで得た収入を会社で運用して小学校や防災などの費用を賄った。

→ 松室の端正で優しい建築

　下長者町通りを東へほどなくの京都府庁旧本館は、河原町御池ルートの京都ハリストス正教会と同じ建築家松室重光の作品だ。この建物は、フランスの有名なフォンテーヌ宮殿に似ていると思う。基本的にはルネサンス様式だが、特徴的なのは、正面の三角破風や列柱の扱いが控えめなことだ。武張ったところがなく、端正で優しい建築に仕上がっている。縦横のラインがはっきりしているところは、当時最新流行のセセッションスタイルに見える。歴史様式をベースにしながらも、新感覚を盛り込むあたりに松室の確かな手腕を感じる。これだけの力量のある建築家はなかなかいない。今後の研究に期待したい建築家のひとりである。

→ 大小のアーチが響き合う

　京都府庁となりの旧京都府警本部は文化庁庁舎として整備され、2023年に開庁した。外観は元のままで、北側に新館を増築している。東西の玄関は、大きなアーチとその上の4連アーチが響き合ってリズミカルだ。西側玄関上のステンドグラスなど、ぜひ中から見

てみたい（見学が許されるのかどうか現状では不明である）。南側出入口はあまり紹介されないが、扉まわりのテラコッタ飾りが美しい。これは下立売通りからよく見える。

→ にぎやかな紋章風メダリオン

文化庁庁舎から東へすぐの平安女学院昭和館は、壁に紋章風メダリオンがたくさん取り付けられていてにぎやかだ。バーガミニーの設計だが、構造設計は早稲田大学の内藤多仲（ないとうたちゅう）が担当した。内藤は耐震理論の大家で、大阪の通天閣や東京タワーなど、タワー建築を多く手がけたことでも知られる。

→ ステンドグラスが絶品

烏丸下立売南西角の聖アグネス教会は、平安女学院の礼拝堂と日本聖公会京都教区のカテドラルを兼ねる。おもしろいのは通りに面して大小３つの三角屋根を見せることで、この会堂のもうひとつの名前である聖三一大聖堂の３を表しているように見える。また、この会堂はステンドグラスがとてもきれいだ。塔のバラ窓は４つの円を組み合わせたゴシック風の窓割りだが、どこか和風に見えるのがおもしろい。

→ チューダー様式のヴォーリズ洋館

烏丸通りと丸太町通りの交差点手前には、ヴォーリズによるチューダー様式の洋館大丸ヴィラがある。ハーフチンバー風の外壁が素敵だ。木で骨組みを作り、柱と梁の間の壁をレンガで埋めるのがハーフチンバーだが、この建物は鉄筋コンクリートだという。丸太町通りから南側の煙突がよく見える。ゴシック風にねじれているのがおもしろい。2022年ころより限定的な公開が始まっている。

平安女学院 昭和館
1929年　J.V.W.バーガミニー
京都市上京区下立売通室町東入ル五町目町

日本聖公会 聖アグネス教会 聖堂
1898年　J.M.ガーディナー
京都市上京区烏丸通下立売堀松町

大丸ヴィラ（旧下村正太郎邸）
1932年　W.M.ヴォーリズ
京都市上京区烏丸通丸太町上ル春日町

西陣・同志社ルート
同志社キャンパスは田園都市である

　御所の北に広がる同志社系のキャンパスは赤レンガが基調となっている。我々は赤レンガに郷愁を感じるが、当時の人たちはそうは見ていなかった。赤レンガは未来を感じさせる新しい建築だったことを理解する必要がある。もうひとつ注意しておかねばならないのは、赤レンガの未来都市のイメージは19世紀末の中世主義がもたらしたものであることだ。工業化社会への異議申し立てとして中世こそ理想郷だとする思想である。同志社は当然そのことを理解していたはずだ。

西陣 IT 路地（旧西陣電話局）
1921年　岩本 禄
京都市上京区油小路通中立売下ル

→ 裸婦のパネルが特徴

　烏丸今出川交差点から、烏丸通り、中立売通りを経由した油小路通りには旧西陣電話局がある。軍隊で病気になり早くに亡くなった岩本禄の作品は極めて少ないけれど、これはかなり良い。正面出窓まわりや列柱断面に表現主義的な放物線が使われているから、スタイルは表現主義であろう。でもこの建物を一番印象づけているのは裸婦である。出窓まわりの3体のレリーフの背景も裸婦のパネル

だ。よく見ると裸婦は踊り子らしく、マチスの「ダンス」にも見え、自由でおおらかで動きがある。東側の列柱上部にも別パターンのパネルがあることを見逃さないように。

→引き出しの中は西陣織？

油小路通りを経由して堀川通りを渡った北にある西陣織会館は、黒いタンスから引き出しを引いたような形にわたしには見える。織物関係の会館にふさわしい。窓が少ないのは展示ホール主体だからだが、そのおかげで建物というよりも彫刻のような美しさを備えている。玄関がこれ見よがしでなく、さりげなくてつつましいところが名建築らしいところだ。京都府出身の彦谷邦一は数寄屋建築の名手であり、大阪万博記念公園の迎賓館の設計者として知られる。

西陣織会館　　　　　　　　　　　　　　　[14]
1976年　彦谷邦一
上京区堀川通今出川下ル竪門前町414

→ これが本野のモダニズム

今出川通りに出て、西にほどなくの京都市考古資料館は、京都でモダニズムといえば真っ先に紹介される建物だ。彫りが浅くて陰影が薄い、装飾もほとんどない白いビルに当時の人はひどく驚いたそうだ。先の旧西陣電話局よりも、古いことを忘れてはいけない。モダニズムのさきがけとして紹介されてしかるべき建物なのだ。この建物の最大の魅力は屋根にある。この屋根はモダニズム的でないとよくいわれるが、このでかい屋根と小さなドーマー窓も本野精吾のモダニズムなんじゃないかと思えてくる。屋根のおかげで上品で清楚な建築に仕上がっているとわたしは思う。

京都市考古資料館（旧西陣織物館）
1914年　本野精吾
京都市上京区今出川通大宮東入ル元伊佐町

→ 質素でいて礼儀正しい礼拝堂

当ルートメインの同志社へは、烏丸通り西門からアプローチする。左手の礼拝堂は、とても大きい、それでいて目鼻立ちがはっきり

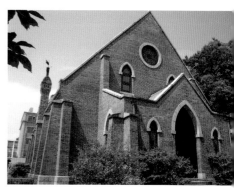

同志社 礼拝堂
1886年　D.C.グリーン
京都市上京区今出川通烏丸東入ル玄武町601

同志社 明徳館 [21]
第1期：1952年より、第2期：1954年
大倉三郎
京都市上京区今出川通烏丸東入ル玄武町601

同志社 クラーク記念館 🏆
1894年　ゼール
京都市上京区今出川通烏丸東入ル玄武町601

同志社 有終館 🏆
1887年　D.C.グリーン
京都市上京区今出川通烏丸東入ル玄武町601

している質素でいて礼儀正しい建築だ。

　同志社のキャンパスはひとつの町のように作られていて、そのほとんどが赤レンガなのは、田園都市をイメージし、来るべき未来都市を思い描いていたのだろう。

→ 大倉の本領発揮

　礼拝堂斜め向かいの明徳館（めいとくかん）は、同志社のシンボルとなっている塔のある建物で、アーチ窓やはめ込まれたレリーフなど、見飽きない建物だ。武張ったところがなく、軽快な立面を構成していて、ある種、村野藤吾（むらのとうご）の建物に通じるものを感じた。回廊があることで、そこはいつでも学生のたまり場になっている。居心地の良い建築は大倉三郎のおはこである。

→ 同志社の象徴

　礼拝堂、理化学館、クラーク記念館と東へ行くほど新しいのはなぜか。全体計画が最初からあったのだろうか。この建物はゼールが自分の設計した西プロイセン州議会議事堂をモデルにしたという。特徴的な鐘楼（しょうろう）が正門から正面に見え、キャンパス全体を町のようにデザインしていることがわかる。

→ レンガ建築の再生事例

　礼拝堂に続いてグリーンの完成させた旧図書館の有終館（ゆうしゅうかん）は、礼拝堂とはうってかわって、レンガの模様貼りを駆使した華やかな建築だ。元は南側が入り口だったのはなぜだろう。おもしろいのはどっちから見ても同じ十字形プランになっていることだ。

　この建物は1928年の火災で内部を焼失し解体の危機にあったが、武田五一が指導して、内部を鉄筋コンクリートで補強して再生させた。レンガ建築を再生した、ごく初期の事例としても貴重な作品だ。

→ 玄関アーチや窓まわりが華やか

　同志社正門の東側にはヴォーリズ建築がふたつある。啓明館はそのひとつで2代目の図書館だ。玄関アーチを支える柱の頭はロマネスク風で、同じような馬蹄形の飾りが窓まわりにもある。レンガ壁を水平に区切る帯にレンガを菱形に使っているのがおしゃれなリボンのようだ。大きな建物だが、ピクチャレスクで意外とかわいい。さすがヴォーリズである。

→ 正真正銘のジョージアンスタイル

　啓明館の北、アーモスト館は、正真正銘のジョージアンスタイル、新古典主義のアメリカンハウスである。中央2階のアーチ窓に注目してほしい。円柱2本を従えて、窓が三分割されている。これがパラディアン・ウインドウだ。イタリアルネサンスの建築家パラディオの作品にちなんだ窓デザインで、ジョージアンスタイルはパラディオのリバイバルだった。だからこれがあればジョージアンスタイルだなとわかるわけだ。

→ 武田の赤いスパニッシュ

　ルート最後は、いよいよ武田の登場である。実は武田の赤レンガ建築は少なく、わたしは他では見たことがない。縁取りのないシンプルな3連アーチがスパニッシュ的だから、わたしはこの同志社女子大学栄光館を赤いスパニッシュと呼んでいる。スパニッシュは白亜が基本だが、同志社の赤レンガコンセプトに合わせて赤くしたのだろう。この自在なところが武田らしい。ちなみにこれはレンガ造りではなく鉄筋コンクリート造りである。

同志社 啓明館
1915、1920年　W.M.ヴォーリズ
京都市上京区今出川通烏丸東入ル玄武町601

同志社 アーモスト館
1932年　W.M.ヴォーリズ
京都市上京区今出川通烏丸東入ル玄武町601

同志社女子大学 栄光館
1932年　武田五一
京都市上京区今出川通寺町西入ル

MAP 3 洛東エリア

300m

Scale 1/10000

N

ROUTE 8 中級 ★★
京大・百万遍
ルート

総距離 5.1km／参考タイム 1h42m
消費カロリー 248kcal／建築物数 10
→ 京阪出町柳駅

ROUTE 7 初級 ★
鴨沂（おうき）・府立
医大ルート

総距離 2.6km／参考タイム 0h52m
消費カロリー 127kcal／建築物数 10
京阪神宮丸太町駅／→ 京阪出町柳駅

茂庵

吉田山緑地

吉田神社

宗忠神社

後一条天皇陵

百々御所

左京区

農学部
旧演習林事務所

京都大学農学部
京都大学理学部

如意寺

進々堂京大北門前
進々堂

建築学教室本館

京都大学農学部 本館

百周年時計台記念館

京都大学
保健診療所

今出川通

知恩寺

百万遍

工学部

法経済学部

京都大学総合博物館

国際交流
セミナー
ハウス

総合人間学部 正門

京都大学 楽友会館

東山近衛

養正小

叡
山
電
鉄
木
線

出町柳駅

高野橋

河合橋

賀茂大橋

出町橋

葵橋

田中里ノ前

京大総合体育館

関西日仏学館

清風荘

さるや屋カフェ

京都大学
YMCA会館

東一条通

総合人間学部

東大路通

志賀越道

旧生物学研究室
旧組織学研究室

東山一条

川端東一条

旧医学部生理学
教室研究室

旧医学部解剖学
教室研究室

東山近衛

近衛通

荒神橋東詰

東山近衛

三共不動産

清和テナントハウス

東大手

正定院

川端通

賀茂川

鴨川

みつばち

岡田商会

河原町今出川

上京区

清浄華院

盧山寺

河原町通

京都府立医科大学
旧付属図書館

府立医大病院

京都府立医科大学

京都府立
文化芸術会館

鴨沂会館

寺町通

薬師西詰

御陰通

襄正小

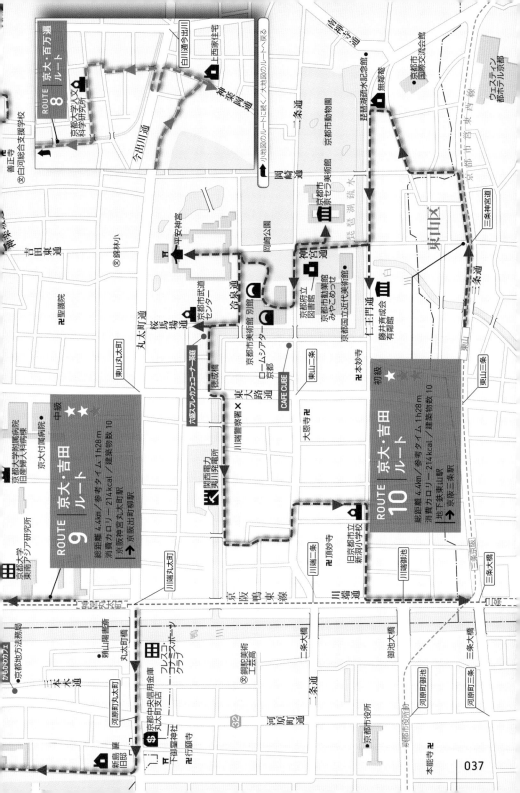

037

鴨沂・府立医大ルート

内務省を震撼させた
都市計画道路

京都の都市計画道路の中で、最も着工が遅れたのが河原町通りだった。当初予定されていた木屋町通りの拡幅が、先斗町を先頭とする反対運動の結果取りやめとなり、一本西の現在の河原町通りに計画変更されたからだ。戦前の都市計画道路が地元の反対で路線変更された事例は極めて少ない。それほど京都は他都市よりも地元が強かったわけだ。河原町通りの拡幅は北から順次着工され、1924年、今出川から丸太町までの市電河原町線が開通した。通り沿いにはそのころの建物が今も残っている。

フレスコ、コナミスポーツクラブ
（旧京都中央電話局　上京分局）
1923年　吉田鉄郎
京都市上京区丸太町通中筋東入ル

→ タイル貼りの魔術師吉田の大作

京阪神宮丸太町駅から鴨川を渡ってすぐの旧京都中央電話局は、北側の目のような屋根窓がドイツ民家風だといわれている。屋根もジャンプ台のように軒先ですこし反り上がるヨーロッパの石造建築の屋根の形だ。

壬生・烏丸御池ルートの新風館と同じ吉田鉄郎の設計で、形はまるで違うけれど、きちっとしているところは似ている。こんなに凹凸のある建物を全面タイルで覆うのはけっ

こう難しい。それを破綻なくまとめる力は並大抵ではない。そればかりか新風館のように飾り貼りを見せてくれたりする。タイル貼りの魔術師と呼んでもいいくらいだ。1階窓下換気口の渦巻き模様を忘れずに見ておこう。

→ スクラッチタイルが美しい

京都中央信用金庫は五条大橋の支店など近代建築が多い。河原町丸太町西入ルのこの丸太町支店はスクラッチタイルのきれいなビルだ。アーチ窓を円形に処理するのは、あるようであまり見ない珍しいデザイン処理だ。

→ どこか和風な新島洋館

丸太町通りを渡り、寺町通りを北に向かった新島襄旧邸は、本来は庭に面していて、外からはあまり見えなかったのではないか。建物は装飾もなく質素な美しさがあり、どこか和風に見えるのが不思議だ。屋根が和瓦であるだけでなく、形も日本的で勾配が緩くて少しむくっている。むくりとは反りの反対用語で、京町家はたいがいむくっている。そのほうが雨が流れやすいからだと聞く。そうした納め方が、この洋館を日本的にしているのかも知れない。

→ アールデコで固めた会館建築

荒神口に向かうと現れる鴨沂会館は、基本アールデコだろう。構成主義的な壁面分割、特徴的な玄関脇の丸柱、スリットとその下のへこみ模様、そうしたデザインがモザイクタイルできちんと包まれて、シャープな陰影をかたち作っている。

京都中央信用金庫 丸太町支店
(旧第一銀行 丸太町支店)
1927年　西村好時
京都市中京区河原町丸太町西入ル東椹木町

新島 襄 旧邸
1878年　設計者不明
京都市上京区寺町通丸太町上ル松蔭町

鴨沂会館
1936年　十河安雄
京都市上京区河原町荒神口西入ル荒神町

京都府立文化芸術会館
1970年　富家宏泰
京都市上京区河原町通広小路下ル東桜町

京都府立医科大学 旧付属図書館
1929年　京都府土木部監理課
京都市上京区河原町通広小路上ル梶井町

清和テナントハウス
大正から昭和　設計者不詳
京都市上京区河原町通今出川下ル梶井町448

→ 茶道建築からのイマジネーション

　河原町通りの京都府立文化芸術会館は、使いやすさで定評のある劇場だ。富家宏泰（とみいえひろやす）の設計は動線が明確で使いやすい。大きな建物だけど勾配屋根をかけて、圧迫感を抑えている。おもしろいのはエントランスが中庭付き回廊になっていること。富家は茶道建築からの翻案（ほんあん）が多いが、これも茶庭の待合のイメージなのだろう。回廊床のヨーロッパの道路のような石貼りも、素材を楽しむ茶庭的だ。

→ 近代建築ファン垂涎

　河原町通りを渡った京都府立医科大学旧付属図書館は、何度見ても見飽きない近代建築ファンにはたまらない建築だ。正面のスクラッチタイルとテラコッタ、型押しモルタル、石材の組み合わせが素晴しい。内部の床タイルや玄関欄間のステンドグラスなど、見所満載で、古いエレベータの階数表示板まで残っている。病院の建て替え時に解体予定だったが、大学側の要望により保存された。

→ 近代建築の楽しい再活用例

　河原町通りを北に進むと現れる清和テナントハウス。建物前の河原町通りが拡幅されて市電が走ったのは大正13年なので、その頃の建物に見える。元々何の建物だったのか分からないが、こうした水平ラインが強調されたデザインは交通局関係に多かった。今はカフェや劇団などが入居して楽しく使われている。2階窓下の水平ラインが三角形断面になっているところがかっこいい。

→ 小技の効いたスパニッシュ

　清和テナントハウスの北並びにある三共不動産は、とても大事にお使いになっていて見ていて気持ちがよい。スパニッシュ風の外観で、足元を繊細なスクラッチタイルで包む。玄関扉を外壁から奥へ下げているのは傘をたたむためのポーチだが、庇をつけなかったので、アーチ状の陰影が深く刻まれて建物に落ち着きを与えている。2階窓上の立体的な施釉タイルが珍しく、円を重ねたようなデザインがとてもおもしろい。1階左側の庇は、元は店舗用の出入り口だったのだろう。

三共不動産
大正から昭和　設計者不詳
京都市上京区河原町通今出川下ル梶井町448-14

→ オーナーのメンテが光る

　河原町今出川上ルの岡田商会は、元銀行だったともいわれるが、元から精肉店だったようにも見える。どちらにせよ、ほぼそのまま残っているのが素晴しい。スレート葺きに見える屋根が美しい。窓がサッシに変わっているが、そのおかげで建物が長持ちしたのだろう。洋館は庇が短いので窓からの漏水が多い。躊躇していれば相当痛んだはずである。オーナーの長年のメンテナンスのおかげで、こうして建物と出会えたことに感謝したい。

岡田商会　　　　　　　　　　　　　[19]
大正期?　設計者不詳
京都市上京区河原町今出川上ル青竜町239

→ これぞ京の近代和風橋

　当ルート最後を飾るのは、京阪出町柳駅へ渡る賀茂大橋だ。灯籠型の照明が当時としては珍しく、ほぼ最初期の和風橋灯だ。街路に和風を持ち込むことをもくろんだ武田らしいデザインだ。上流の河合橋も掛け替え時に賀茂大橋にならって同じデザインになっている。同じようなデザインが増殖していくのもおもしろい。風景は呼び合うものなのだ。

賀茂大橋
1931年　武田五一意匠設計
京都市上京区井中/左京区田中下柳町

京大・百万遍ルート

京都出身の建築家大倉三郎を京大で探す

大倉三郎を楽しむルートである。大倉は1900年京都市生まれで、1923年京大建築学科を第1期生として卒業した。武田五一の愛弟子のひとりである。卒後大阪の宗建築事務所に勤めるが、1928年に京大に呼び戻され京大営繕課の主力メンバーとして武田とともにキャンパス整備にあたった。京都工芸繊維大学学長、西日本工業大学学長を務め、1983年に逝去している。

関西日仏学館
1936年　レイモン・メストラレ、木子七郎
京都市左京区吉田泉殿町

→ 瀟洒な白亜の建築

　京阪出町柳駅から東へ、百万遍交差点を南の関西日仏学館は、瀟洒という言葉がぴったりの建物だ。列柱で立面を縦に分割してリズムを作りだし、庇や出窓を柔らかいカーブで処理して優しい印象に仕上げている。清楚な白をまとい、トップに控えめにアールデコ文字で館名を入れている。上品な大人のデザインといえよう。

→ 思いをつなぐ連係プレー

　東一条通りを東へ向かうと、大倉三郎ワールドのはじまりである。

　ここ京都大学保健診療所は何度見てもおもしろい。先にあるものを尊重しながら継ぎ足していった楽しさにあふれる。最初に建ったのは正面の入り口アーチ部分で、これは武田と永瀬狂三が設計している。その後、今はカフェに使っている東側の車庫と外部階段のある西側を大倉と内藤資忠で増築した。そのとき外装をスクラッチタイルに統一して、アーチあり、階段ありの、さながら中世都市の一角のような場所ができあがった。

→ 京大最初期のレンガ造

　保健診療所のとなりの国際交流セミナーハウスは、よく見ると１階と２階でレンガの色が違う。後で２階を継ぎ足しているからだ。レンガ造は増改築が簡単であることが特徴である。この美しい壁面でおもしろいのは１階の窓の上にアーチが埋め込まれていることだ。窓上は石で補強されているが、さらにその上をアーチで補強している。それは補強であると同時に装飾でもある。最初から２階の増築を見込んだ上での補強だったのかも知れない。

→ これが武田の黄金比

　正門正面の百周年時計台記念館は、免震化されたことでも有名だ。武田の代表作だが、弟子たちが総出で手伝ったので、どこが武田なのかよくわからなくなっている。それでもこれだという部分はもちろんある。

　まず平面的には、規則正しい黄金比で構成されていて、その比率は建物前の広場にまで及んでいる。次に塔が控えめであること。

　あとひとつは鯉のぼりの棹に見える左右の壁面の風車模様だ。鯉は滝を登って龍になるという。ここが学生のための登竜門だという

京都大学　保健診療所　　　　　　　　[23]
第1期：1925年　武田五一、永瀬狂三
第2期：1936年　大倉三郎、内藤資忠
京都市左京区吉田本町

京都大学　学務部留学生課　　　　　　[17]
国際交流セミナーハウス
1階：1898、1909年、2階：1914、1922年
山本治兵衛、永瀬狂三
京都市左京区吉田本町

京都大学　百周年時計台記念館（旧本部本館）
1925年　武田五一、永瀬狂三、坂　静雄
京都市左京区吉田本町

京都大学 法経済学部 本館
1933年 大倉三郎
京都市左京区吉田本町

京都大学 工学部 建築学教室本館
1922年 武田五一
京都市左京区吉田本町

上西家住宅
1934年 熊倉工務店
京都市左京区浄土寺西田町23-1

洒落なのかも知れない。

→ 大倉ワールドの真骨頂

　保健診療所から北を振り返ると法経済学部本館が見えるが、おもしろいのは正面玄関が見当たらないことだ。正面に見える塔のようなところは実は階段室で、出入り口はあるが玄関というわけではない。中庭に面した回廊が玄関にあたるのかも知れない。大倉は同志社でも回廊を作っているから、こういう空間が好きだったのだろう。大きな建物を作っても大仰な玄関を作らないのは武田グループの特徴ともいえる。

→ 建物そのものが建築学教材

　建築学教室本館、これも武田の代表作だ。武田はチョコレート色のタイルを好んで使うが、ここではタイルの模様貼りも見せてくれる。さて、玄関まわりの装飾のくどさとバルコニー手すりのあっさり感とのコントラストだが、わたしには片岡安のような装飾要素のばらまきをやっているように見える。不思議な柱頭も、入り口のラーメン模様も教材展示のごとく、くっつけて楽しんでいるのだ。

→ 手入れの行き届いたスパニッシュ住宅

　京大キャンパスを出て、吉田山の北裾を東へ向かうと、上西家住宅がある。ご覧のとおりのスパニッシュスタイルで、手入れも行き届いていて見ていて気持ちが良い。もともとスパニッシュは庇を大きく出さないから、庇の出が大きいのは日本の風土に合わせて変化した結果だ。通りに向けた破風板を母屋がつかんでいるところなど他所では見ないデザイン処理である。破風先端の切り込み模様も美しい。玄関上の十字と菱形の飾り窓はこの後で見る人文研にもあるので覚えておこう。

→ 華麗な立面と巧みな平面が秀逸

　今出川通りを渡った住宅街にある京都大学人文科学研究所は、スパニッシュスタイルの本格派で、この華麗な立面構成は東畑謙三のものと考えて差し支えない。

　外からではわからないが、この建物には回廊で囲まれた中庭がある。修道院の形式を模しているわけだ。回廊まわりの僧坊に当たる部分を研究室に、会堂部分を図書館に、中央の塔は鐘楼というわけだ。この巧みな平面処理は武田のものだろう。シンメトリーを避け権威的な姿を避けている点も武田らしい。

京都大学　人文科学研究所　漢字情報センター
1930年　武田五一、東畑謙三
京都市左京区北白川東小倉町

→ 涼しげで伸びやかなスパニッシュ

　白川疏水沿いに歩き、京都大学農学部方面に抜けると、大倉三郎と関原猛夫の設計とある旧演習林事務所がある。デザインについては大倉の手によるものと考えてよいだろう。スパニッシュ風の建築だが、屋根瓦が黄色いので沖縄民家風にも見えるのがおもしろい。タイル貼りの回廊と大きく張り出した軒が涼しげだ。正面両側に立つ柱は、何本かの柱を抱き合わせたものを金輪で留めている。これは東大寺と同じ工法で、当時武田が東大寺修理に関わっていたことと関係があるだろう。

京都大学　農学部　旧演習林事務所
1931年　大倉三郎、関原猛夫
京都市左京区北白川西町

→ 必見のトラバーチンタイル

　当ルート最後は、今出川通り沿いの進々堂で、店主続木斉がデザインしたものを熊倉工務店が建築したという。喫茶室の家具が民芸作家黒田辰秋のデザインで、どっしりと落ち着いた雰囲気を楽しめる。内外ともタイルが見どころのひとつで、外装に使っているトラバーチン（虫食い大理石）風のタイルは他では見たことがない。粘土に木くずを混ぜて焼くとこのような形になる。穴の中だけ釉薬がかかっているが、それは灰釉かも知れない。

進々堂
1930年　続木斉、熊倉工務店
京都市左京区北白川追分町

京大・吉田ルート

歴史的な建物の正しい修理を考えてみる

古い建物を改修する方法はたくさんある。建物の傷み具合や予算や工期に合わせて柔軟に取り組む必要がある。もっとも大事なのは、すべてを新しくしてしまわないことだ。いい具合に古びていくことをエイジングというが、それは自然の働きだけでなく、建物を守ってきた幾人もの先人の考えや思いでできあがっている。それを尊重することが一番大切なことだと思う。

京都大学 東南アジア研究所　　　[9]
（旧京都織物会社 本館）
1889年　日本土木会社（推定）
京都市左京区吉田下阿達町

→ 誇らしげな大アーチ

　京大を中心としたルートのふたつ目は、京阪神宮丸太町駅からスタートだ。旧京都織物会社の事務所棟を兼ねる、まるで凱旋門のような大きなアーチの門である。この工場は、京都の伝統産業の近代化のために誘致された本格的な近代工場だった。その誇らしさを大アーチは示しているのだろう。鴨川に向かって開かれたこの門は、かつては通りからよく見えたが、今では前に別の建物が建ち、通りからまったく見えないのが残念だ。

→ 大倉の最初期アールデコ

　近衛通りを東へ進み、京都大学附属病院旧産婦人科病棟が次の目的地だ。大倉三郎の最初期の作品のひとつが大阪の生駒ビルヂングだが、それと感じが似ている。生駒ビルヂングが1930年、これが1931年、どちらもアールデコといえるだろう。ダイナミックな曲線の玄関庇を黄色い大判タイルの円柱が支え、まるでリゾートホテルのエントランスのような玄関まわりだ。水平ラインが通るのがモダンでかっこいい。玄関脇の照明を壁のなかに仕込んでいるのもうまい。船のブリッジのようなコーナーの連続窓も巧みである。

京都大学附属病院　旧産婦人科病棟
1931年　大倉三郎
京都市左京区吉田橘町

→ 清新なデザインのレンガ造

　近衛通りをはさんで北側の京都大学旧医学部生理学教室研究室は、山本治兵衛と永瀬狂三の手によるものだ。山本は銀座レンガ街を手がけた旧幕府系の棟梁立川知方に入門し建築を覚えたらしい。作品としては奈良女子大学本館が有名だろう。この建物の簡略化されたディテールや三角の屋根窓に半円のガラリ窓を組み合わせた清新なデザインも山本のものと考えてよいだろう。永瀬は武田や片岡によく似たセセッションスタイルが持ち味だ。

京都大学　医学部I棟　　　　　　　　　[17]
（旧医学部生理学教室研究室）
1914年　山本治兵衛、永瀬狂三
京都市左京区吉田橘町

→ 自由自在のレンガ造

　となりの旧医学部解剖学教室本館は、焼き過ぎレンガと石材をうまく使って壁面を飾っている。山本のデザインは堅実なだけではなく、華やかさも持ち合わせているようだ。窓台がレンガ壁からほとんど突きだしていないため、陰影が薄く軽やかな壁面になっている。また、窓まわりのレンガの角を斜めに面取りすることで、シャープな陰影が出ることを防いでいる。こうした大胆なデザイン手法を彼はどこで覚えたのだろうか。

京都大学　医学部　医学図書館　　　　　[17]
（旧医学部解剖学教室本館）
1902年　山本治兵衛
京都市左京区吉田橘町

京都大学　医学部　　　　　　　　　　[17]
基礎医学記念講堂・医学部資料館
（旧医学部 解剖学教室講堂）
1902年　山本治兵衛
京都市左京区吉田橋町

京都大学　医学部　Ｅ棟　　　　　　[17]
西側：旧医学部発生学研究室
1928年　永瀬狂三
東側：旧医学部組織学研究室
1931年　大倉三郎
京都市左京区吉田橋町

京都大学　楽友会館
1925年　森田慶一
京都市左京区吉田近衛町

→ 実直な洋風木造教室

　旧医学部解剖学教室講堂は、山本の実直さがよくわかる建築である。洋風建築はガラス窓の大きさで決まる。少し縦長のガラス板の大きさは決まっていて、その倍数で窓の大きさを決める。窓の高さに合わせて下見板をぴったりと割り付けている。1階の窓上には雨よけのための小さな庇を取り付けているのも行き届いた配慮だ。外からは全くわからないが、この講堂は階段教室で、2階に見える窓は教室の上段にあたるのだ。そんな難しい設計条件をぴったり納めて、なおかつこれ見よがしなところがないところがえらい。

→ 思いをつなぐ連係プレーその2

　東側の増築は、扁平な煙突を含む北側入り口まで（旧発生学研究室）が永瀬で、その東側（旧組織学研究室）が大倉だ。西側の講堂部とも繋がっており、山本─永瀬─大倉と無理なく増築していった様子が伺える。先人の作品を尊重するという気持ちが伝わってくる作品である。

→ 表現主義的建築の典型

　近衛通りに出てさらに東に向かった楽友会館は、森田慶一の最初期の作品だ。Ｙ字型の柱で支えられた半円形の玄関ポーチが特徴で、表現主義的建築の典型として紹介されることが多い。先端のカーブに合わせて瓦を葺くなんて、どうやったらできるのだろう。玄関アーチは変形ポインテッドアーチになっていて、玄関の内壁は砂岩系の石貼りで絵や文字が刻まれているのが楽しい。内部の古い部分もよく残されていて、照明器具など見どころは多い。レストラン「近衛Latin」は2021年に営業終了した。

→ 最初期鉄筋コンクリート造土蔵風書斎

　一旦京都大学をあとにして、真如堂のふもとの坂道を登り切ったところに百石斎はある。書斎といっても外観は土蔵にしか見えないが、現存の鉄筋コンクリート造りとしては最初期の部類だ。百石斎が土蔵にしか見えないのは、吉田山の中腹で真如堂の隣というロケーションに田辺朔郎が合わせたのだろう。田辺は明治最初期の土木学者で、京都疏水を設計したことで知られる。大正5年から京都帝大で教鞭をとり、学校に近いこの地に居を構えた。

百石斎（旧田辺朔郎書斎）
1917年頃　田辺朔郎
京都市左京区浄土寺真如町

→ 京大キャンパス最古の門

　吉田山の南裾をおりて、東一条通りに出たところの京都大学総合人間学部正門は、木造ながらよく残っている。何度も修理されたに違いないが、当初のデザインがほぼ残っているようで、扉の目の高さに窓を開けているのがおもしろい。

京都大学　総合人間学部　正門
（旧第三高等学校正門）
1897年　真水英夫？
京都市左京区吉田二本松町

→ 赤が効いてるYMCA

　そのまま西へ進むと京都大学YMCA会館、ヴォーリズの作品だ。円に逆三角はYMCAの古いマークだが、それがいろんなところに付いているのがおもしろい。最近の改修で窓枠を竣工時の赤に戻した。改修後の評判もおおむね良いらしいが、わたしは色が少し暗いのではないかと思う。風化のため木目が立ち過ぎてペンキは塗れなかったようで、仕方なく染みこむタイプの塗料を使っているが、そのため木目の影が出てざらっとした見かけになった。修理は難しい。

京都大学　YMCA会館
1913年　W.M.ヴォーリズ
京都市左京区吉田牛ノ宮町

ROUTE
10

岡崎公園ルート

京都の文明開化は岡崎から始まった

武田五一や伊東忠太などそうそうたる建築家が登場する盛りだくさんな場所である。とくに京都市京セラ美術館は見逃せない。外観だけではなく、内部もほぼ竣工当時の姿を守っているのがうれしい。京都府立図書館は解体の危機にあったが、広範な保存運動の結果、外壁だけが保存された幸運な建物である。当時は全体を残して欲しいと強く願っていたが、今考えてみれば外壁だけでもよく残ったものだ。武田五一の最初期の作品のひとつで、ウイーン分離派の香りのする佳品である。

無鄰菴 洋館
1898年　新家孝正
京都市左京区南禅寺塩草町

→ 必見！山県の土蔵風レンガ造洋館

　地下鉄東山駅から北東方向にある無鄰菴は、明治時代の政治家山県有朋の別荘である。小川治兵衛の作庭で知られ、洋館部分は土蔵造りのような外観だがレンガ造だ。最初、山県は無鄰菴を故郷の山口県で建てた。となりが見えないほど遠かったのでこの名があるという。公開されているので見学しておきたい。庭園に面した和館座敷はカフェとなっている。

→ 屋上の八角塔まで東洋コレクション

仁王門通りを西へ向かった藤井斉成会有鄰館第一館は、実業家藤井善助の東洋美術のコレクションで有名な美術館で、建物も東洋風にまとめられている。バルコニー下の雲形の片持ち梁や玄関アーチの龍のレリーフなどおもしろい建物だ。少し離れて見れば、この建物が旧島津本社のようにスパニッシュスタイルをベースにしていることがわかる。スパニッシュに東洋趣味を散りばめる自由さが武田らしい。左右対称でないところも武田の作風だ。ちなみに屋上の八角塔も藤井のコレクションのひとつである。

藤井斉成会有鄰館 第一館
1926年　武田五一
京都市左京区岡崎円勝寺町

→ ファサード保存された武田の最初期代表作

疏水を渡って岡崎公園内ひとつ目は、武田五一の最初期の作品、京都府立図書館だ。

図書館の向かいにある京都市京セラ美術館の場所には、元は陳列館と呼ばれる展示施設があり、武田は陳列館と図書館をセットで設計している。どちらもウイーン分離派を思わせる優美な建築だった。白い外壁に金色のラインが入り、まるでウイーンのカールスプラッツ駅のカラーコーディネートと同じだ。ウイーン分離派スタイルは当時の日本の若い建築家の心を捉えたが、とくに武田は当事者たちとの交流もあったためか、終生そのスタイルを大切に使った。

京都府立図書館　　　　　　　　　[18]
1909年　武田五一
京都市左京区岡崎円勝寺町9

→ 和風とモダニズムの融合

図書館向かいの京都市京セラ美術館は、2020年にリニューアルオープンした。改修設計は公募の結果、青木淳と西澤徹夫のふたりの建築家チームの案が採用された。正面玄関前を掘り下げて、新たに地下玄関を設けている。中央の天井の高い展示室をエントランスホールに作り変え、地下から直接上がるよ

京都市京セラ美術館（旧京都市美術館） [21]
1933年（2020年改修）　前田健二郎、京都市営繕課、（改修設計：青木淳、西澤徹夫）
京都市左京区岡崎成勝寺町

ロームシアター京都（旧京都会館）
1960年　前川國男
京都市左京区岡崎最勝寺町13

京都市美術館 別館（旧京都市公会堂 東館）
1931年　京都市営繕課
京都市左京区岡崎最勝寺町

平安神宮　　　　　　　　　　　　[9]
1895年　木子清敬、伊東忠太
京都市左京区岡崎西天王町

うにした。美術館としての機能を上げながら、外観も内装もほぼ昔のままなのがうれしい。正面玄関吹き抜けの天井ステンドグラスも健在である。照明器具も古いものが残っており、見ごたえがある。

→ 近代建築の再生事例

ロームシアター京都は京都会館に大幅な改修が加えられて本格的なオペラ劇場として2016年に再オープンした。中庭の回廊部分にガラスのカーテンウォールを立てて内部に取り込んだ。ガラス壁を使ったのは、元のデザインがガラス越しに見えるようにしたためだ。

→ コンクリートで表現された和風

ロームシアターの東隣の旧京都市公会堂東館は、大きな屋根や玄関の唐破風をコンクリートで再現している。滋賀県の旧琵琶湖ホテルもそうだが、この時代には和風をほぼそのままコンクリートで表現できるようになっている。玄関ホールもよく残っているので、見て欲しい。

→ 随所に息づく宮中建築

岡崎公園の中心、平安神宮は、明治時代における和風の本格的な取り組みのひとつだ。ご承知のように、この建物は遷都1100年を記念した博覧会のために大極殿を模して作られたパビリオンで、その後神社に改造された。

左右の特徴的な塔は鼓楼と鐘楼だと思われ、青龍と白虎の名前が付いている。屋根が緑釉瓦なのも好ましい。青や緑は春を寿ぐ色だからだ。左右に腕を伸ばして中庭を抱え込むような平面プランは、宇治の平等院のように龍穴を守るかたちである。龍穴とは気の出入りする大地の穴のことだ。やはり宮中建築

の伝統が生かされたのであろう。

→ 松室の最初期和風建築

　平安神宮の西にある京都市武道センターは、松室重光のほぼ最初期の作品だ。当時の若手の建築家は、最初に和風に取り組むことが多い。伊東忠太の平安神宮、長野宇平治の奈良県庁、武田五一の勧銀本店などだ。まず和風を覚えさせるのが、師である辰野金吾の教育方針だったのかも知れない。

京都市武道センター（旧武徳殿）
1899年　松室重光
京都市左京区聖護院円頓美町

→ 今なお現役の小さな発電所

　疏水沿いに西へ進むと関西電力夷川発電所があるが、この小さな発電所が今も現役だというから驚きだ。しかも1890年に設置された発電機が1992－93年に取り替えられるまで使われたというからなおさら驚く。
　琵琶湖からやってきた船は、この閘門で水位を下げて鴨川運河へ移ることができる。その閘門を動かす電力を自前でまかなっていたのではなかったろうか。

関西電力 夷川発電所
1914年　設計者不詳
京都市左京区聖護院蓮華蔵町

→ インド様式の不思議模様

　京阪三条駅に戻る手前のここ旧京都市立新洞小学校もなかなか良い校舎である。外からではよく見えないが、玄関まわりとその上の２本の柱に守られた窓に特徴がある。柱頭部には不思議な模様があるが、これも京都市役所営繕課の得意なインド模様なのだろう。今も大事に使われている校舎を見るのは気持ちがいいものだ。

旧京都市立新洞小学校
1929年　京都市営繕課
京都市左京区仁王門通新東洞院西入ル
新東洞院町

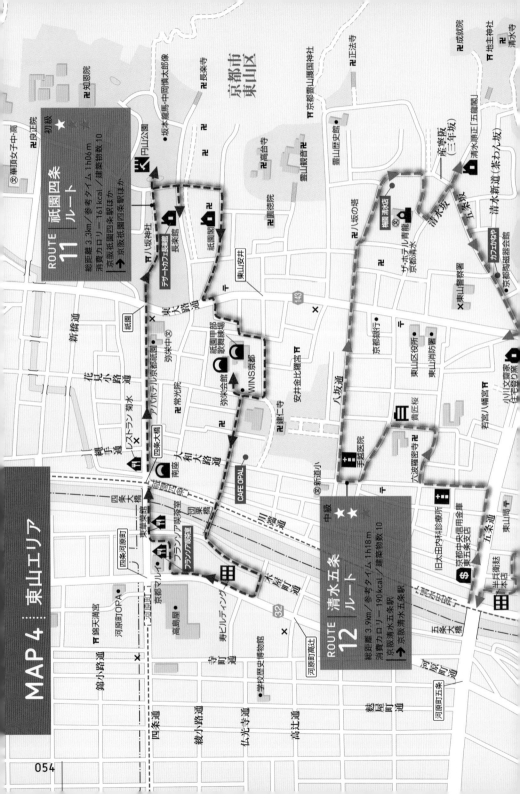

MAP 4 東山エリア

ROUTE 11 祇園四条 ルート

初級 ★☆☆

総距離 3.3km／参考タイム 1h06m
消費カロリー 161kcal／建築物数 10

→ 京阪祇園四条駅ほか

ROUTE 12 清水五条 ルート

中級 ★★☆

総距離 3.9km／参考タイム 1h18m
消費カロリー 190kcal／建築物数 10

→ 京阪清水五条駅

京都市
東山区

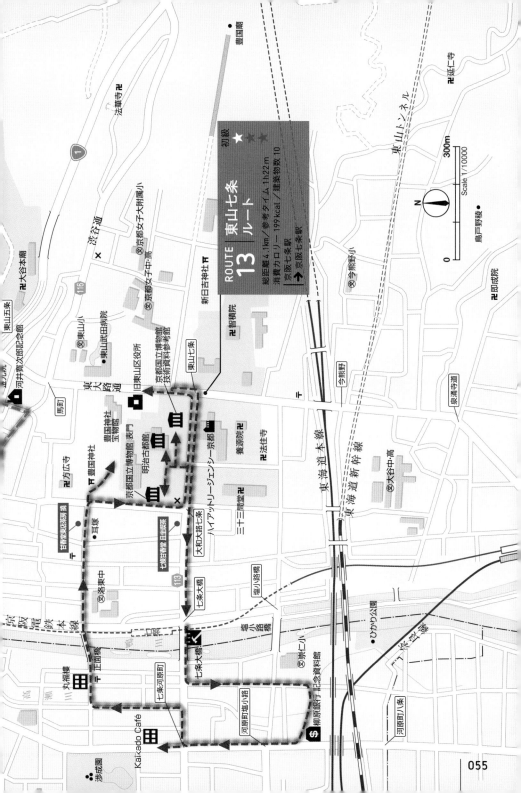

祇園四条ルート

祇園界隈の花街で近代建築を探す

東山は祇園祭の主神を祀る八坂神社が残るように、古代からの霊地だったようだ。花街の発生も、御霊を鎮めるための歌舞音曲に起源をもとめる考えもある。わたしもそう思う。古い劇場や花街が残るのもそのためだろう。坂の多いこの土地を歩いていると、近代建築のほかにもさまざまな遺跡と出会うことになる。

レストラン **菊水**
1926年　上田工務店
京都市東山区川端通四条上ル川端町

→ 表現主義的流線型

　当ルート最初、川端通りと四条通りの角の**レストラン菊水**は、対岸の東華菜館と前後して竣工し、四条大橋の両端を飾っている。オルブリヒの成婚記念塔に比べられることが多いが、わたしは山田守に見られるような表現主義的な流線型が特徴だと思う。角が三角形平面の出窓になっているところがおもしろいし、壁面に仮面風のレリーフが並んでいるところを見てほしい。

→ きらびやかな桃山風ファサード

　向かいの南座は解体予定だったが、各界からの保存要望が高かったため外壁を中心に保存された。金物を復元したために以前よりもきらびやかになったが、このほうが当初の姿に近いだろう。桃山風とはこうしたもので、照明器具が丁寧に復元されているところも見どころだ。

南座
1929年　安立 糺
京都市東山区四条通大和大路西入ル中之町

→ 最初期の近代和風公園

　四条通りの突き当り、八坂神社の東側の円山公園は、建築家武田五一が設計し、造園家小川治兵衛が施工した。基本プランを武田が示し、造園家の小川が具体化したのだろうか。ふたりの分担は判然としないが、最初期の近代和風公園の作例のひとつであることは確かだ。池の山側に也阿弥ホテルがあったが長楽館竣工直後に焼失し、停滞していた公園整備が一気に進んだ。

円山公園　　　　　　　　　　　[18]
1912年　武田五一、小川治兵衛
京都市東山区円山町473他

→ タバコ王村井家迎賓館

　円山公園の奥の長楽館は、タバコ王村井吉兵衛の元別邸で、正調なルネサンス様式だ。玄関が小ぶりで上品にまとまっているため、これ見よがしなところがなくアットホームに仕上がっている。北側に有名な円山公園の桜を望むことができ、当初から公園を意識していたように見える。内部には茶室や桃山風の大広間を備えており、村井家の迎賓館として機能した。現在はカフェやレストランとして利用できる。

長楽館（旧村井吉兵衛 京都別邸）
1909年　J.M.ガーディナー
京都市東山区四条通大和大路東入ル祇園町南側

祇園閣
1927年　伊東忠太
京都市東山区祇園町南側594-1

弥栄会館
1936年　木村得三郎
京都市東山区祇園町南側570-2

祇園甲部歌舞練場
1913年　設計者不詳
京都市東山区祇園町南側570-2

→ 奇才伊東忠太炸裂

　長楽館から南へすぐの祇園閣は、財閥の大倉家の元別邸で、今は寺院所有となっている。見たとおり祇園祭の鉾をかたどっていて、どこから思いついたのか知らないが奇想というべきだ。当主大倉喜八郎が男爵位を授けられた記念の塔だそうで、頂部は鳳凰に見えるが大倉の号「鶴彦」にちなんだツルらしい。喜八郎は金閣、銀閣に次ぐ京都の観光名所として祇園閣を構想したと聞く。

→ 祇園のフタ付き宝石箱

　祇園閣から路地を抜けて西へ向かった弥栄会館は、銅製の庇がぐるりと取り巻くのが特徴だ。庇によって水平に分節することで、巨体を町並みに紛れさせようとしたのだろうか。この建物は祇園のあちこちから見えるが、青い屋根と柔らかい色調のタイル壁のおかげで、フタ付きの宝石箱または着飾った巨象のようにも見える。2021年に弥栄会館をホテルに改造する計画が発表された。

→ 祇園のシンボル、現役木造劇場建築

　弥栄会館のとなりは祇園甲部歌舞練場だ。これほど大きくて現役の木造劇場は珍しいのではないか。祇園のシンボル的存在で都をどりの会場として知られる。玄関棟の大きな唐破風（亀の甲羅のような玄関庇のこと）の見事な菊の欄間は必見だ。甲部というのは昔の地域名で、今は改称したが乙部もあったそうだ。祇園は、京都でもまちづくりの盛んな地域のひとつ。地元が町並みの保存に力を入れてきたおかげで、お茶屋街の風情が色濃く残っている。近年、花見小路を軸に整備され観光客も多い。

→ スマートなセセッションビル

　祇園を離れ、団栗橋を渡って鴨川の対岸へ向かうと、河原町通り沿いに寿ビルディングがある。すっきりとしたセセッションスタイルで、壁面上部のレリーフや玄関アーチのくり型が麗しい。玄関庇と照明器具が残っているのもうれしい。元は商工無尽株式会社所有のビルだった。無尽とは講のことで、ここは長岡京市の柳谷観音講が前身だという。現在はギャラリーなどが入っている。

寿ビルディング（旧商工ビルディング）
1927年　山虎組
京都市下京区河原町仏光寺上ル市之町

→ タイムスリップできる老舗喫茶店

　四条通りの手前を右に入ったところのフランソア喫茶室は、地元では有名な老舗喫茶店だ。町家2軒分を改造したようで、中でつながっており、落ち着いた雰囲気で人気が高い。この界隈には、他にソワレ、築地などの昔ながらの喫茶店がありファンも多い。

→ 京都人ならみんな知ってるヴォーリズ建築

　当ルート最後、レストラン菊水の対角にある東華菜館は、竣工時は西洋料理店だったそうだ。玄関まわりを飾る羊頭や海鮮のテラコッタはそのためだが、中華料理店となった今でもこれらの食材は共通するのがおもしろい。玄関上には貝を喰うタコがいる。こんなレリーフほかでは見たことがない。塔が西に寄っているのは、先斗町通りから見えるようにしたのだろう。

　昔、京阪電車が地上を走っていたころ、京都の人はこの建物が見えると京都へ帰った気がしたらしい。それほど愛された建築というわけだ。夏には鴨川の納涼床を出すので、散歩のおわりにこの建物と対岸の南座、菊水ビルを眺めながらの乾杯はいかがだろう。

フランソア喫茶室
1941年改修　ベンチベニ
京都市下京区河原町西木屋町下ル船頭町

東華菜館
1926年　ヴォーリズ建築事務所
京都市下京区四条大橋西詰斉藤町

清水五条ルート

みんな大好きな清水坂を歩きなおしてみる

清水坂は、葬送の地である鳥辺野へ至る道。その途中に聖徳太子創建と伝わる八坂の塔など古くからの信仰の痕跡が多く残る。またここは清水焼きの産地でもあった。順正は窯元の建物だったし、清水小学校へは陶工の子弟が多く通った。陶工たちの住んだ長屋も数多く残っていて、東山五条交差点北西には、今でも登り窯のレンガ煙突が残っている。そうした産業遺跡を探すのも楽しい。

京都中央信用金庫 東五条支店
（旧村井銀行 五条支店）
1924年 吉武長一
京都市東山区五条通川端東入ル東橋詰町

→ タバコ王村井家の銀行建築

京阪清水五条駅から東へすぐの京都中央信用金庫東五条支店は、タバコ王村井吉兵衛の村井銀行の支店のひとつだった。村井銀行の京都の支店は、ここの他にふたつ残っている。正調の新古典主義建築で、渦巻き模様の柱頭はイオニア式、角柱にしたので柱頭もどこかしゃちほこばっているのがおもしろい。円柱にすると柱が太くなりすぎるから角柱にしたのだろう。手慣れたデザイン処理だ。それでも上にいくほど細くなるエンタシスを

守っていて律儀な設計である。

→ 大切にされてきたユーゲントシュティール

　大和大路通りを北へ向かった旧太田内科診療所は、ドイツ民家風に見えたり、世紀末芸術ユーゲントシュティールにも見えたりする。医院にドイツ風が多いのは、医学生のドイツ留学が多かったせいだろうか。屋根、玄関庇、窓庇とも反っているのが愛らしく、玄関扉上の欄間の幾何学模様が簡単だけど美しい。保存状態が良く、大切にお使いになっているのが伝わってくる建築だ。

旧太田内科診療所
大正から昭和初期　設計者不詳
京都市東山区大和大路通五条上ル山崎町368

→ 元醤油商の大型町家建築

　空也上人ゆかりの六波羅蜜寺からすぐ、松原通りにある仏亜心料理・貴匠桜は、辰野醤油を販売していた醤油商・伊藤喜商店の建物。1階庇が銅板張りなのは町家としては珍しい。第1次世界大戦で欧州繊維業が機能しなくなったとき、京都は未曾有の好景気に湧いた。そのころ木造2階建てや3階建ての大型建築が一般化した。これはその典型のひとつだ。1923年の関東大震災の後に規模が制限され、木造大型化の道は断たれた。もし制限されなければ4階建て5階建てのアパルトマンが並ぶ街路が京都に現れたかもしれない。

　このあたりは平家の拠点のひとつで、後に六波羅探題の置かれた場所だ。地獄とつながっているといわれた六道珍皇寺も近く、有名な子育て幽霊飴の店はすぐそこだ。

仏亜心料理・貴匠桜　　　　　　　　　[21]
1922年　好本治郎(棟梁)・中村五三郎(副棟梁)
京都市東山区轆轤町100

→ アーチ窓が楽しげなドイツ民家風建築

　大和大路に戻り、八坂通りを東へ向かうと、深い軒と反りのある屋根が特徴の手越医院だ。アーチ窓の高さを揃えているので、窓の幅によってアーチの曲率が違うのがおもしろい、ドイツ民家風に見える建物だ。

手越医院
大正から昭和初期　設計者不詳
京都市東山区大和大路通四条下ル弓矢町

ザ・ホテル青龍 京都清水（旧清水小学校）
1933年（改修2020年）　京都市営繕課
京都市東山区清水2丁目204-2

→ 清水焼の産地が生んだ不思議校舎

　八坂の塔近くの旧清水小学校は2011年に閉校したが、その後改造されて2020年に高級ホテルとなった。外観内観とも元の姿がよく遺されている。外観は頂部に瓦をおいた、スパニッシュコロニアル様式風だ。軒を少し出しているのは、雨掛りを少なくして外壁が汚れるのを防ぐ工夫だろう。軒下に並ぶ送り状の飾りは木製だが、鉄筋コンクリート校舎の軒飾りを木製でつくるのは珍しい。その軒飾りと連続するアーチ窓が響きあって小気味よいリズムを刻んでいる。

→ 武田作。不思議和洋混合洋館

　旧清水小学校からすぐの清水順正「五龍閣」は、武田五一の住宅作品で、輸出用陶器から電気工事用の碍子メーカーへ転身した松風家の旧別邸だ。近年周辺を再整備し、この洋館を中心とした町家路地に生まれ変わった。洋館といいながら、屋根に鴟尾が載るのは異例だし、バルコニーまわりのデザインも和風が加えられており、不思議な和洋の混合が見られるのが特徴だ。今は湯豆腐店として使われており、暖炉や照明器具など内部も見どころの多い建物だ。

清水順正「五龍閣」（旧松風嘉定邸）　　　　[18]
1921年　武田五一
京都市東山区清水2丁目

→ 五条坂に残る現存最古の登り窯

　五条坂を下った先にある小川文齋家住宅登り窯のレンガ煙突は、北側の六原公園からよく見える。五条坂の登り窯は、1971年に施行された京都府公害防止条例以後、次第に姿を消した。小川文齋は現在6代目で、京焼を代表する作陶家のひとりである。文齋窯は6室がつながった本格的な登り窯で、煙突は正方形平面の美しいものだ。途中に節があるのが珍しい。ひょっとすると、上を積み足したのかも知れない。

小川文齋家住宅登り窯　　　　　　　　　　[21]
明治初期（1868〜1882年）　設計者不詳
京都市東山区五条橋東六丁目502他

→ 丸みを帯びた優し気な寺

　五条通りをはさんで小川文齋家住宅の斜め向かいにある金光院は屋根がむくっている。「むくり」とは、反りの反対で丸みを帯びたかたちのことだ。高台寺の有名な茶室・傘亭の屋根に似ている。茶室のように人を招き入れる親し気なおもむきが備わっている。緩やかな曲線を描く屋根は、金属で葺かれている。こけら葺きに似た、柔らかな表情がある。富家はこけら葺きの室生寺金堂が好きだったから、それに似せたのかも知れない。富家らしい、優しい建築である。

金光院　　　　　　　　　　　　　　[23]
建築年不詳　富家宏泰
京都市東山区五条橋東 5-471

→ なぜか出桁造りの住宅建築

　金光院のすぐ南の河井寬次郎記念館は、民芸メンバーの陶芸家自邸を美術館にしたものだ。内部も当時のまま置いてあり、落ち着いたひとときを楽しめる。町並みに溶け込んでいるが、建物の2階がせり出しているのは、東日本に分布する民家様式の出桁造り（せがい造り）で京町家ではない。大きな登り窯も見どころだ。

河井寬次郎記念館（旧河井寬次郎邸 主屋）
1937年　河井寬次郎
京都市東山区馬町通大和大路東入ル鐘鋳町

→ 棚橋の貴重な石造鉄筋コンクリート造

　当ルート最後は、京阪清水五条駅に戻る手前の半兵衛麸本店だ。構造系の建築家棚橋諒が、戦後復興のために考案した石造鉄筋コンクリート造の数少ない貴重な作例だ。石造鉄筋コンクリート造とは、型枠代わりに石を積むため構造的に強くなり、型枠の節約にもなり、しかも積んだ石が外壁仕上げを兼ねるという工法だ。石積みの表面が荒削りなので、柔らかくて暖かい印象を与える。

半兵衛麸 本店　　　　　　　　　　[23]
建築年不詳　棚橋 諒
京都市東山区問屋町通五条下ル上人町433

日本の宮殿建築博物館は意外と簡素だった

東山七条ルート

　七条大橋の西詰めは、高瀬川水運の要となる古くからの湊町だったが、今はその面影はない。高瀬川の七条通り以北が桜並木の散策路となっている。京都国立博物館は中も素晴しい。過剰な装飾はなく端正な造りとなっている。

七条大橋
（しちじょう）
1913年　柴田畦作
京都市東山区七条下堀詰町

→ 華麗な扁平5連アーチ

　京阪七条駅西の鴨川に架かる七条大橋は、扁平な5連アーチが美しい、戦前の京都の都市改造「三大事業」で架けられたものだ。南西の親柱に大正2年とある。このでかい親柱は竣工当時のもので、この上にひょろりとクラゲのように軽やかなアールヌーボー風の街灯が載っていた。ぜひとも復元したいものだ。

→ 地域住民による地域のための木造銀行建築

　七条大橋を渡り、ひとつ目の信号を南へ、JR線手前を西へ行くと、木造下見板張りの洋館柳原銀行記念資料館がある。柳原は地名で、河原町通り拡幅で現在地に移築された。柳原銀行は明治期に地元住民らが興した銀行で、地域振興を目的としたとされる。内部も復元されているので、開館日であれば、地域の歴史を知る上でも見学しておきたい。

→ アールデコのファサードがお洒落

　河原町七条上ルの旧京都市電内濱架線事務所は、軒先の連続三角形や出入り口上部の欄間の桟が斜めになるなど、幾何学模様が持ち味の良質なアールデコだ。市の公募に応じて2016年に茶筒の老舗である開化堂がカフェを開いた。古びた良さを残して、目立たぬよう注意深く改装されていて、センスがよい。

　七条通りで高瀬川が迂回するのは、江戸時代ここが内浜と呼ばれる湊だったなごり。京都駅をこの横へ持ってきたのも、高瀬川水運との連携を考えてのことだろう。鉄道開通時に立ち並んだ倉庫街も今はほんのわずかの土蔵を残すのみで、高瀬川には桜が植えられ涼しげな散策路になっている。

→ ここが世界の任天堂発祥地

　高瀬川沿いに北へ、正面通りを右へ入ったところの旧任天堂本社は、安藤忠雄の設計で増築され、2022年にホテルとして開業した。食事やそのほかのサービスの料金すべてをホテル代金に含める、オールインクルーシブ方式の高級ホテルだ。旧任天堂本社部分はほぼ旧状をとどめている。良質なアールデコで、玄関まわりの装飾が見事だ。非公開建物なので私有地へ立ち入らないでほしい。ちなみに、丸福は任天堂の旧社名だそうだ。

柳原銀行 記念資料館（旧柳原銀行）
1907年　設計者不詳
京都市下京区河原町通塩小路下ル下之町

Kaikado Café（旧京都市電内濱架線事務所）
昭和初期　設計者不詳
京都市下京区河原町通七条上ル住吉町

丸福樓（旧任天堂本店）　　　　　　　[21]
1933年（2022年改修）　増岡建築事務所
（改修設計監修：安藤忠雄）
京都市下京区正面通加茂川西入鍵屋町342

豊国神社 宝物館
1925年 清水建設設計部
京都市東山区大和大路通正面下ル茶屋町

明治古都館（旧帝国京都博物館本館） 🏆
1895年 片山東熊
京都市東山区大和大路通七条上ル茶屋町527

京都国立博物館 表門（西門）
（旧帝国京都博物館 表門） 🏆
1895年 片山東熊
京都市東山区大和大路通七条上ル茶屋町527
写真提供：京都国立博物館
　　　　（明治古都館、京都国立博物館　表門）

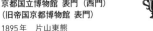

→ 和風伝統美のコンクリート表現

　正面通りの突き当り、豊国神社宝物館のスタイルは鉄筋コンクリートで和風を再現したもので、京都駅・本願寺ルートの旧顕道会館と同時期の建物だ。1920年代の鉄筋コンクリートによる表現は、旧顕道会館のように新しい和風の模索と、ここのような伝統様式の忠実な再現とが併存していたわけだ。それは神道と仏教の立ち位置の違いだったのかもしれない。境内では見事な唐門を見ておきたい。ここの装飾はリアルな鶴と鯉だ。桃山時代の唐門はおもしろすぎる。他に鐘楼の大鐘の下に並べられた大仏の破片も見逃すな。

→ 威風堂々。京都の宝

　七条通りから京都国立博物館内の明治古都館へ向かう。スケッチして気づいたが、思っていた以上に禁欲的ともいえるほど装飾が抑制されている。赤い宮殿建築といえばベルサイユ宮殿に似ているが、ベルサイユのような過剰な装飾はない。おもしろいのは正面玄関上部の三角形の破風の浮き彫り、伎芸天と毘首羯磨で、前者は技芸、後者は工芸や建築の神だ。京都の博物館が美術工芸を分担することを表しているのだろう。東洋のモチーフをギリシャローマ風に表現した野心作といえる。

→ 端正美麗なレンガの円塔

　京都国立博物館表門（西門）は、小さな円塔を左右に配した端正で美しい建築で、レンガでこれほどきれいな円筒を作るのは難しい。控えめながら軒先やドームまわりなど随所に装飾があるのも楽しい、必見の作品だ。

→ 味わいあるスクラッチタイルが見所

　京都国立博物館は外部も展示場所になっていて、石造美術などが点在しているが、山側の東の庭へ行く途中に技術資料参考館がある。ライトの設計した帝国ホテルなど、1920年代に大流行したスクラッチタイルが古びていい味を出している。今も作っているタイルだが、昔のもののほうがスクラッチ（ひっかき）や焼き加減にムラがあって大変よろしい。

→ 優しげな元区役所

　東山七条から少し北へ向かった旧東山区役所は、建物の角が丸いので優しい雰囲気になっている。外壁上部の縦長の換気口とその上の逆U字形の小庇がアクセントだ。北側の元玄関上部のバルコニーの手すりは、アールデコに見えるが法隆寺の手すりと同じデザインだ。

→ 赤レンガ貼りの低層ホテル

　少し引き返して、七条通り沿いにあるハイアットリージェンシー京都は、京都パークホテルの建物を改修して2006年に開業した。外観はほぼ以前のままだ。最上部の庇が屋根のように反っている。この特徴ある庇によって、水平方向が強調され建物が低く見えるよう工夫されている。七条通りがつま先上がりの斜面なので、玄関が半地下のような趣きがある。暗いロビーから眺める庭園の明るい緑が鮮やかだ。杉本貴志によって改修されたインテリアも、古い建物とよくなじんで楽しい。

京都国立博物館　技術資料参考館
（旧恩賜京都博物館　陳列品収納用倉庫）
1930年　設計者不詳
京都市東山区大和大路通七条上ル茶屋町527

京都国立博物館　旧管理棟（旧東山区役所）
1931年　京都市営繕課
京都市東山区東大路通七条上ル茶屋町527

ハイアットリージェンシー京都　　　　[21]
（旧京都パークホテル）
1980年（2006年改修）　設計者不詳（改修設計：杉本貴志、内装設計：スーパーポテト）
京都市東山区三十三間堂廻り644番地2

MAP 5 ⋯⋯ 蹴上エリア

中級 ★★

ROUTE
14 | 蹴上・疏水ルート

総距離 4.2km（5.8km）
参考タイム 1h24m（1h56m）
消費カロリー 204kcal（282kcal）
建築物数 10　（※期間限定ゾーン含む）

→ 地下鉄東山駅
← 地下鉄東山駅

左京区

東山区

Scale 1/10000

300m

N

卍永観堂

🏫東山高

鹿ヶ谷通

卍水路閣

卍南禅寺

卍南禅院

卍天授庵

⛩日向宮

九条山浄水場ポンプ室

ねじりまんぽ

143

九条山浄水場

蹴上浄水場
第一高区配水池

蹴上

期間限定ゾーン

金地院 卍

南禅寺前

琵琶湖疏水記念館

京都市動物園

無鄰菴

京都市美術館

京都国立近代美術館

京都市
国際交流会館

蹴上発電所

ウェスティン
都ホテル京都

卍栗田神社

蹴上インクライン

岡崎通

岡崎公園

ロームホール

京都市勧業館
みやこめっせ

神宮道

仁王門通

美濃吉 本店

京都市営東西線

京都市営東西線 本部

三条神宮道

卍青蓮院門跡

卍知恩院

並河靖之
七宝記念館

三条白川橋

三条通

パビリオンコート

🏫華頂女子中高

良正院 卍

卍知恩院

🏫東山三条

大恩寺 卍

東大路通

卍本妙寺

要法寺 卍

東山三条

東山二条

東山

白川

際永花

知恩院前

37

華頂通

円山公園

●三門

卍

卍

⛩八坂神社

祇園

新橋通

新東洞院通

蹴上（けあげ）・疏水（そすい）ルート

ローマ水道橋の再来を夢見た水路閣

京都の近代化の象徴である疏水（そすい）。これは水運、水力発電、上水道など多目的な利用をめざした百年の計だった。特に、電力が京都の伝統工芸の近代化に果たした役割は大きい。京都の戦前の都市改造「三大事業」は、市電、電気、水道の三事業の確立を目論んだものだったが、それらも第二疏水の開通に伴う事業だった。疏水まわりは散策にも適しており、明治時代の建築もいくつか残っている。

→ 東山の風景に馴染むロシア構成派

地下鉄東山駅を上った疏水に架かる白川橋（しらかわ）の親柱は、格子の照明部と石柱部の組み合わせで、1920年代の構成主義を見るようだ。表現主義やアールデコの流れといえるのだろうが、ロシア構成派を思わせる。1920年代の日本の都市には、いろんな思想が流れ込んでいるというわけだろう。格子部は最近取り替えられたが、元は鋳鉄（ちゅうてつ）製だった。

白川橋（しらかわ）
1932年　設計者不詳
京都市東山区三条通五軒町

パビリオンコート（旧山中合名会社 美術館）
洋館：1920年、和館：1904年（1967年移築）
清水組（洋館）
京都市東山区粟田口三条坊町

美濃吉 本部
昭和初期　設計者不詳
京都市東山区三条通白川橋東入ル3丁目夷町
166

蹴上発電所
1912年　設計者不詳
京都市左京区粟田口鳥居町2

→ 和洋近代建築の有効利用

　神宮道のパビリオンコートは、旧山中合名会社美術館だ。道路側の和館の後ろにレンガ造（床は鉄筋コンクリート）の洋館（収蔵庫）が建つ。和館は菱形格子が美しく、洋館は暖かい色合いの良いタイルで、現在は結婚式場として使われている。向かいの青蓮院門跡は最澄が開いたという古刹で、美しい庭園が有名なので立寄られてはいかがか。

→ 壁面ごとに表情を変える

　三条神宮道交差点東の美濃吉本部。南側はスクラッチタイルの壁面を庇や縁取りで大胆に分割するアールデコ風のデザイン、東面はアーチ窓や丸窓を配する優しいデザインで、タイル表面の塗装をはがせば、さらによくなる建物だ。

→ 日本初の事業用水力発電所

　三条蹴上交差点手前から見える蹴上発電所は、木製建具が残っているのを見ておこう。丸窓の木製サッシは京建具のレベルの高さを表している。
　当初京都疏水は水車動力整備を目的としていた。そのため疏水はインクライン（傾斜鉄道）から東山沿いに分流したが、建設途中で水力発電の導入が決まりこの発電所が建てられた。本来ならば東山沿いに工業地帯が出現するはずだったが、水力発電のおかげで風致は守られたわけだ。東山沿いは別荘地となり疏水の水は日本庭園でふんだんに使われることになる。その庭の多くを作ったのが植治こと小川治兵衛だった。

→ 村野好みの数寄屋世界

蹴上発電所の向かい斜面に建つウェスティン都ホテルの奥部に、村野藤吾好みの端正な数寄屋の世界「佳水園」がある。増改築を重ねたホテル本館も、各所を村野が手がけている。

ウェスティン都ホテル京都　　　　　[9]
新本館：1960年、別館「佳水園」：1959年（2020年改修）
村野藤吾、村野・森建築事務所（佳水園改修設計：中村拓志＆NAP建築設計事務所）
京都市東山区粟田口華頂町1

→ 年に一度の見学チャンス

ウエスティン都ホテルの東隣にある蹴上浄水場には、明治期の貴重なレンガ建築が残っているので紹介しよう。

ポインテッドアーチがゴシック風でもあるが、中世の古城のようでもある。水道事業がローマを連想させるとしても、なぜに古城風になるのかが不思議な建物だ。斜面を埋め尽くすツツジが咲き乱れる5月連休頃に公開されている。日比忠彦は鉄筋コンクリート造の初期の研究者のひとりで、日比と田辺は第二疏水工事で鉄筋コンクリートを試している。京都の都市改造「三大事業」は、日本における鉄筋コンクリート導入のきっかけのひとつだったのである。

蹴上浄水場　第一高区配水池
1912年　田辺朔郎、日比忠彦
京都市山科区厨子奥花鳥町

→ 東山山中にひっそり佇む洋館風ポンプ室

三条通りをはさんで蹴上浄水場の東側にある九条山浄水場ポンプ室は、疏水に向かってテラスを持つ涼しげな洋館で、ポンプ室には到底見えない。京都御所へ消防用水を送る施設だとかで、宮内省内匠寮の片山東熊と山本直三郎が設計した。

九条山浄水場　ポンプ室（旧御所水道　ポンプ室）
1912年　片山東熊、山本直三郎
京都市山科区日ノ岡朝田町

ねじりマンポ
1890年　田辺朔郎
京都市東山区東小物座町

水路閣
1890年　田辺朔郎
京都市左京区南禅寺福地町

並河靖之七宝記念館
（旧並河靖之邸　主屋・工房・窯場）
1894年　設計者不詳
京都市東山区三条通北裏白川筋東入ル堀池町

→ 不思議なレンガ空間

　三条通りに戻り、蹴上浄水場正門向かいのらせん状にレンガが積まれているトンネルは通称「ねじりマンポ」と呼ばれている。トンネルに乱反射する光が渦となって、不思議な遠近感を生んでいる。マンポはトンネルを指す言葉で、この工法はトンネルを斜めに通すときに使うらしい。そういえば、上のインクラインと直角ではない。ほかに東海道本線などで使われていると聞く。

→ 琵琶湖疏水の遺構

　ねじりマンポを通り抜けて、南禅寺方面に向かうと水路閣だ。意外と知られていないが、この水路橋には真ん中がある。中央上部の放水口のような丸い石を探して欲しい。穴はないので飾りだけれど、これが真ん中なのだろう。丸飾りから南に6連、北に7連。本当にここが真ん中なのか？　よく見ると柱の間隔がまちまちで、南から3つめが一番大きい。大きいけれどアーチの高さが他と同じなので扁平アーチになっている。このアーチは南禅院の入り口だ。夢窓国師作庭の庭園に水路を通さないように、ここだけ水路橋にしたのではないか。

→ 使い込まれた京町家の美

　南禅寺を出てインクラインを越え、地下鉄東山駅に戻る手前の並河靖之七宝記念館は、本格的な京町家だ。並河靖之は日本を代表する七宝家で、その工房や七宝作品の数々を見学できる。庭は造園家小川治兵衛の作品。小川家とは隣同士だったそうだ。

用語解説
構成主義…ロシア革命で理論化された芸術運動で、人類共通の認識を求めタテヨコの座標軸を重視する
表現主義…第1次大戦の焼け跡のドイツで盛んになった芸術運動で、不定形な曲面を駆使する

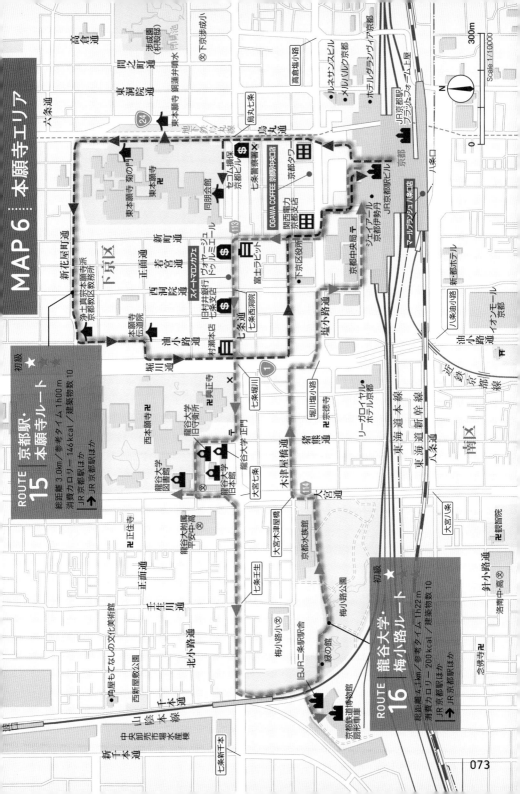

MAP6 本願寺エリア

ROUTE 15 京都駅・本願寺ルート

初級 ★

総距離 3.0km／参考タイム 1h00ｍ
消費カロリー 146 kcal／建築物数 10
→ JR京都駅ほか

ROUTE 16 龍谷大学・梅小路ルート

初級 ★

総距離 4.1km／参考タイム 1h22ｍ
消費カロリー 200 kcal／建築物数 10
→ JR京都駅ほか

京都駅・本願寺ルート

レンガ造りの異色建築 伝道院を見に行こう

JR京都駅から東本願寺・西本願寺へ至るルートだ。ここでは、参詣者向けの旅館や仏具屋が並び、門前町特有の落ち着いた雰囲気の街路を散策できる。両寺院とも明治期の再建なので近代建築の範疇だ。本文へは含めなかったが、ぜひ参詣してほしい。

JR京都駅 プラットフォーム上屋
建築年・設計者不詳
京都市下京区烏丸通塩小路下ル東塩小路町

→ プラットフォーム上の鉄道遺構

JR京都駅プラットフォーム上屋には、リベットを打った鉄骨の美しいアーチが残っている。リベットとは鉄骨を留める大きな釘のようなもの。打つ前のリベットの頭は一方だけで、熱したリベットをすばやく打ち込んで、もう一方を叩いて留める。よく見ると叩いた跡がわかる。

→ これで京都の風景が変わった

JR京都駅ビルは、高層化を目指したコンペが行われたが、結果的にもっとも背の低いものが選ばれた。原広司は世界中を歩いて集落や都市を研究した建築家で、ここの内部吹き抜けの大階段もローマのスペイン階段のような街路の楽しさを再現している。最上階の展望テラスまでエスカレーターで上がることができる。

JR 京都駅ビル [9]
1997年 原 広司、アトリエ・ファイ建築研究所
京都市下京区烏丸通塩小路下ル東塩小路町

→ 賛否両論のローソク

JR京都駅北向かいの京都タワーは、あまりの高さに反対運動が起こったことで有名である。山田守は郵政出身の建築家で、大正時代には分離派として知られた。分離派といってもウイーン分離派ではなく、1920年代ヨーロッパの表現主義に近い。放物線を多用する彼のデザインの特徴は、このタワーとその下のビル部分にも表れている。建築家の棚橋諒が構造設計を担当しており、それまでのタワーとは違い鋼鉄製の筒状の構造となっているのが特徴だ。

京都タワー
1964年 山田 守、山田守建築事務所、京都大学棚橋研究室
京都市下京区烏丸通七条下ル東塩小路町721

→ 京都のインターナショナルスタイル

安井武雄は大阪モダニズムの旗手として知られる建築家で、烏丸七条南西角のセコム損保京都ビルは、船をイメージさせるインターナショナルスタイルだ。

京都駅から北へ延びる烏丸通りは、明治から大正にかけての都市改造で、駅から御所へ通じるメインストリートとして設計されて今の姿になった。大正、昭和の2度の即位式ではパレードのメインコースとして使われた。戦前の写真を見ると当初は黒くなかったようだ。なんらかの事情で改修したのだろう。今の黒い姿もよいとわたしは思う。

セコム損保 京都ビル
(旧東京生命保険 京都支社)
1937年 安井武雄建築事務所
京都市下京区烏丸通七条下ル東境町

同朋会館　　　　　　　　　　　　[15]
工期1959-1965年　棚橋諒
京都市下京区七条通新町東入ル新シ町121

しんしゅうほんびょうひがしほんがんじ どうれんべんふんすい
真宗本廟東本願寺　銅蓮弁噴水　　　[18]
1918年　武田五一
京都市下京区烏丸通七条上ル常葉町

しんしゅうほんびょうひがしほんがんじ
真宗本廟東本願寺　菊の門（勅使門）
1911年　亀岡末吉
京都市下京区烏丸通七条上ル常葉町

→ 棚橋の古建築に対する尊敬の念

　七条通りを渡り、一本目を西に向かった同
朋会館は西半分が増築で、増築部のバルコ
ニーに丸柱がないのはその部分だけ鉄骨製だ
からだ。西側バルコニーは後補かも知れな
い。東側の玄関回りが基本形だが、丸柱が2
階までしか達していない。つまり東大寺二月
堂のような舞台造りを模倣しているわけだ。
2階と3階とで手すりのデザインが違うこと
も、3階こそ舞台であることを意識している
からだろう。京大教授の棚橋は古社寺保存に
長く携わった。彼の古建築に対する尊敬の念
を感じる作品だ。

→ 武田の和表現

　もともと烏丸通りは東本願寺の門前広場を
避けて迂回していたが、即位式のパレードを
迂回させるわけにいかず、広場を突っきる道
が後でできた。その結果、道にはさまれたこ
の広場ができたのだ。武田は噴水や街路灯な
ど街路のデザインに和風を持ち込んだ建築家
で、この東本願寺銅蓮弁噴水がハスのかたち
なのは仏教寺院の門前だからだ。

→ 京の伝統工芸の集積

　東本願寺菊の門は、勅使門なので菊のご紋
がある。亀岡末吉は古社寺の修復を手がけた
建築家で、ウイーン分離派に似た優雅なデザ
インが特徴だ。この門扉の透かしにそれがよ
く表れており、全体に薄いピンクなのもウ
イーン分離派を思わせる。さらに、左右柱の
目の高さにある釘隠しに色鮮やかな七宝が使
われているなど、京都の伝統工芸をふんだん
に使っている。文化財の修復は伝統技術の伝
承の場でもあるのだ。

発行所 (株)エクスナレッジ販売部

TEL〇三（三四〇三）一三八一
FAX〇三（三四〇三）一三四五

著者 円満字洋介

書名 京都・大阪・神戸 名建築さんぽマップ 増補改訂版

定価1,980円（本体1,800円＋税10%）

ISBN978-4-7678-3190-9
C0026 ¥1800E

9784767831909

9784767831909

C0026

X-Knowledge

補充記入欄

番線印

京都・大阪・神戸 名建築さんぽマップ 増補改訂版

（本体1,800円＋税10%）

冊数／

定価1,980円

→ 和洋折衷の初期コンクリート寺院

　油小路通りを南に折れると、初期のコンクリート寺院旧顕道会館がある。水平線の強調はインターナショナルスタイルの特徴だが、この場合は和風を意識しているせいだろう。アーチ部分の植物模様など1920年代表現主義を思わせる。増田清は鉄筋コンクリートを自在に操れた最初の建築家のひとりだ。

→ 圧巻。伊東のインド感

　そのまま油小路通りを南へ向かうと、本願寺伝道院が現れる。伊東忠太は日本建築の源流を探すためラクダに乗ってアジアを旅した建築家で、これがインド的なのはその成果だ。町家の屋根を軽々と超す赤レンガのタワーは、驚くことに西本願寺の境内からも見える。それほど大きいのに圧迫感がないのは伊東の手腕だ。道路際の車止めの石柱の上に、伊東のデザインした怪獣たちが行儀良く載っているのがおもしろい。公開日もあるようなので、内部もぜひ見ておきたい。

　伝道院と西本願寺との間に、木造の門が残っている。今は堀川通りとなっているが、門と西本願寺のあいだが門前広場だったのだろう。門の南側には龍谷ミュージアムや、有名な和菓子「松風」の亀屋陸奥がある。

→ 武田のインターナショナルスタイル表現

　JR京都駅に戻る手前、塩小路通り沿いの関西電力京都支店は、縦横のフレームを見せたデザインで、最上階のバルコニーが水平線を強調した武田にしては珍しいインターナショナルスタイルだ。クリーム色のタイルにL型の型押しがあって陰影をつけているところは、交友のあったアメリカの建築家ライトのデザインを思わせる。建物西側の照明を組み込んだ出入り口のデザインも必見だ。

浄土真宗本願寺派　京都教区教務所
（旧顕道会館）
1923年　増田　清
京都市下京区油小路花屋町下ル西若松町

本願寺伝道院
1912年　伊東忠太
京都市下京区東中筋通正面下ル紅葉町

関西電力　京都支店（旧京都電灯　本社屋）
1938年　武田五一
京都市下京区塩小路新町東入ル東塩小路町

龍谷大学・梅小路ルート

龍谷大学本館は擬洋風の典型だ

七条通りをたどって龍谷大学から梅小路へ至るルートだ。明治維新で風前の灯となった日本仏教も、教育の分野から再興を果たしたらしい。明治時代初期の学校建築がそのまま残っているのは珍しい。

龍谷大学の西側は、大正時代以降に開発された地域で、木造2階建ての長屋の並ぶ借家街がまるごと残っている。

富士ラビット（旧日光社 七条営業所）
1923年頃　愛仁建築設計事務所
京都市下京区七条通新町西入ル夷之町

→ ステンドグラス・レリーフ見所満載

七条通りに面した富士ラビット、元は日光社という自動車販売店だった。正面中央上部のアーチは社名にちなんで日の出を表しているのだろう。珍しいのはタイヤをかたどったステンドグラスで、他では見たことがない。壁面のレリーフ中央はローマの戦車用馬車だと思うが、その左の乙女の持ったプロペラはラジエターなのか？ 初期の鉄筋コンクリート造としても貴重な作品である。

→ 不思議なインド様式銀行建築

　大倉は武田五一の弟子のなかでも特段にデザイン力のあった建築家。富士ラビット斜め向かいの旧鴻池銀行七条支店では、玄関庇を左右で支える腕部のデザインに注目して欲しい。段々に縄模様を垂らし、柱頭の唐草模様も不思議だ。これはインド様式で、1920年代の若手の建築家たちは、伊東忠太の持ち帰ったインド様式に熱中したようだ。

→ 堂々のジャイアントオーダー

　ふた筋西角の旧村井銀行七条支店は、小さいながらも新古典主義建築の本格派だ。複数階にわたる列柱をジャイアントオーダーと呼ぶが、これほど堂々としたものも珍しい。柱の直径が上部ほど小さいエンタシスがよくわかる。ギリシャローマ様式のなかで最もシンプルなドーリア様式を採用して、シンプルさが力強さを生んでいる。

→ 端正なセセッション風デザイン

　さらにひと筋西の村瀬本店は、軒廻りに松葉のマークがあり、前面左右のボール型飾りが効いている。2階の薄いピンクがかったタイルは当初のものだと思われ、セセッション風の端正なデザインである。

　七条通りは、京都の都市改造「三大事業」で出現した7街路のうちのひとつ。市電の走る街路風景こそ、京都の近代派が目指したものだったが、実際は黒漆喰塗りの2階建て町家が街路を埋め尽くした。ここで紹介しているような近代建築は、そのなかで異彩を放っていたというわけだ。

ヴォヤージュ ドゥ ルミエール
京都七条迎賓館（旧鴻池銀行　七条支店）
1927年　宗建築事務所、大倉三郎
京都市下京区七条通新町東

旧村井銀行七条支店
1914年　吉武長一
京都市下京区七条通東中筋東入ル文覚町

村瀬本店（岩井邸・村瀬肉店）
大正から昭和初期　設計者不詳
京都市下京区油小路通七条上ル米屋町158

龍谷大学 旧本館　　　　　　[21] 🏆
1879年　設計者不詳
京都市下京区猪熊通七条上ル大工町125-1

龍谷大学 旧守衛所　　　　　[21] 🏆
1879年　設計者不詳
京都市下京区猪熊通七条上ル大工町125-1

龍谷大学 正門　　　　　　　[21] 🏆
1879年　設計者不詳
京都市下京区猪熊通七条上ル大工町125-1

→ 築後130年超。木造超絶技巧の宝庫

　堀川通りを渡り西へ向かうと龍谷大学。この旧本館はとにかく古い。文明開化期の自由はつらつとした擬洋風の作例で、超絶技巧の宝庫だ。これなどどう見てもレンガ造に見えるが木造である。床下換気口の雷文、破風の唐草、西側立面の懸魚型キーストーンなどディテールがすべて和風なのが楽しい。南側の涼やかな避暑地のバルコニーのような渡り廊下も必見だ。

→ 築後130年超のレンガ造建築

　龍谷大学旧守衛所、これも古い。伏見のランプ小屋に次ぐ古さのレンガ造建物ではないか。こうしたレンガの長辺と短辺を交互に見せる積み方をイギリス積みといい、日本ではこの積み方が多い。扁平アーチの櫛形窓も開閉できるところは、さすが京建具は抜かりがない。開かないと窓ふきが大変だからね。

→ 築後130年超の石造正門

　当ルートの見せ場のひとつが龍谷大学正門だ。柱頭飾りが見事で、四角柱の上の座布団のようなふくらみが特によくできている。てっぺんが擬宝珠型で、こうなると和風なのか洋風なのかわからない。明治初期の段階で、本館の大工、守衛所のレンガ工、正門の石工とそれぞれ洋風の理解が違うのがおもしろい。北側の門のデザインがこれとまったく違うことも確かめてほしい。

　図書館へ移動する前に、北隣の西本願寺唐門も見ておきたい。桃山時代の作品で、わたしはこうした装飾過剰な桃山様式を和風ロココと呼んでいる。この門の扉では極彩色の獅子たちが遊んでいる。こどもに乳をやる獅子を初めて見た。どれだけ自由なんだ。

→ 近代建築における和の融合

　西本願寺南西角にある龍谷大学図書館は、大倉三郎の作品だが、インド様式に熱中した1920年代と比べて、より和風を意識したデザインに変わってきている。どことなくスパニッシュスタイルに見えるのは、師である武田五一譲りだ。多様な窓デザインを取り入れながら派手さはなく、全体をすっきりと淡泊にまとめている。近代建築への和風の導入が、大倉ら武田五一の弟子たちによって構築され始めているのだ。

龍谷大学 図書館
1936年　大倉三郎
京都市下京区猪熊通七条上ル大工町125-1

→ はるかヨーロッパへの玄関口

　七条通りをさらに西へ、JR山陰本線に沿って南へ向かうと、移築された旧JR二条駅駅舎が京都鉄道博物館施設として使われている。
　旧二条駅駅舎は、京都近代派の田中源太郎の興した京都鉄道の本社を兼ねていた。近代派である田中が和風を採用したのはなぜか。二条駅前の二条離宮に配慮したともいわれる。この鉄道は日本海まで延びて、その先シベリア鉄道に連絡し、ヨーロッパと繋がるはずだった。だからこそ、和風の駅舎は京都の玄関口として相応しいと田中も気に入っていたのではないか。

旧JR二条駅 駅舎（京都鉄道博物館施設）
1904年　設計者不詳
京都市下京区歓喜寺町

→ 初期コンクリート造の実利美

　当ルート最後の京都鉄道博物館扇形車庫は、大正天皇の即位式に合わせて京都駅が建て替えられたときに同時に作られた。当時渡辺節は鉄道省所属の若手建築家だったが、これは誰か構造系の建築家と共同で設計したのだろう。鉄筋コンクリートの初期の作品として貴重なものだ。

京都鉄道博物館 扇形車庫
1914年　渡辺 節
京都市下京区歓喜寺町

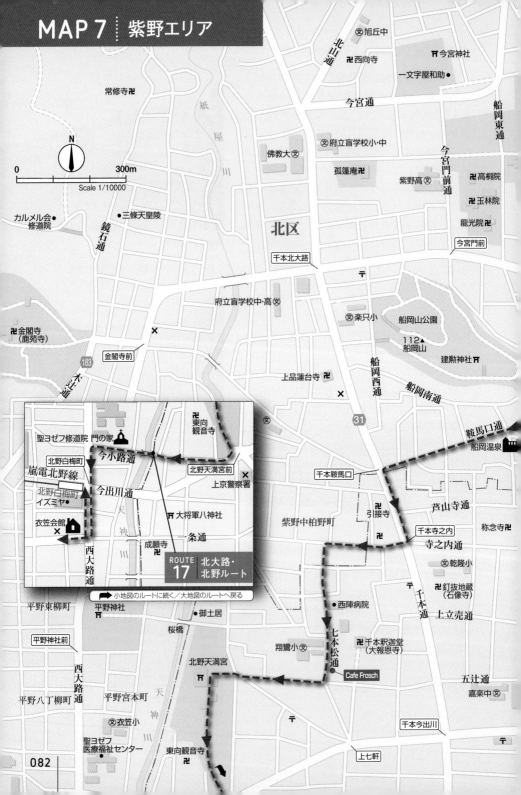

MAP 7 | 紫野エリア

旭丘中
今宮神社
西向寺
一文字屋和助 ●
常修寺
今宮通
紙屋川
府立盲学校小・中
今宮門前通
船岡東通
佛教大
孤篷庵
高桐院
紫野高
玉林院
カルメル会
修道院
三條天皇陵
龍光院
今宮門前
北区
鏡石通
千本北大路
府立盲学校中・高
楽只小
船岡山公園
金閣寺
(鹿苑寺)
112
船岡山
建勲神社
金閣寺前
183
木辻通
上品蓮台寺
船岡西通
船岡南通
31
鞍馬口通
船岡温泉

聖ヨゼフ修道院 門の家
東向観音寺
北野白梅町
今小路通
嵐電北野線
北野天満宮前
千本鞍馬口
芦山寺通
北野白梅町
イズミヤ ●
今出川通
上京警察署
引接寺
称念寺
衣笠会館
大将軍八神社
紫野中柏野町
千本寺之内
寺之内通
一条通
乾隆小
成願寺
西大路通
釘抜地蔵
(石像寺)

ROUTE 17 北大路・北野ルート

→ 小地図のルートに続く／大地図のルートへ戻る

平野東柳町
平野神社
御土居
西陣病院
上立売通

平野神社前
桜橋
北野天満宮
翔鸞小
七本松通
千本釈迦堂
(大報恩寺)
千本通

西大路通
Cafe Frosch
五辻通

平野八丁柳町
平野宮本町
嘉楽中

衣笠小
天神川
千本今出川

聖ヨゼフ
医療福祉センター
東向観音寺
上七軒

ROUTE
17 北大路・
北野ルート
上級 ★★ ★ ★

総距離 5.5km／参考タイム 1h50m
消費カロリー 268kcal ／建築物数 10
地下鉄北大路駅
→ 嵐電北野白梅町駅

今宮通
堀川今宮
鳳徳小

大仙院
光院
大徳寺
紫野通
三玄院
瑞峯院
龍源院
徳禅寺
養徳院

新町通
立命館小
北大路通
北大路ビブレ
北大路
烏丸北大路
紫明小
室町通
大谷大
大谷大学 尋源館
烏丸紫明
賀茂川教会

北大路新町
北区役所
京都復活教会
京都教育大学附属
京都小学校
紫明会館
社会保険
京都病院

大徳寺前
北大路大宮
堀川北大路
181
島津製作所
HAKUYA(箔屋)

建勲通
堀川紫明
紫明通
烏丸鞍馬口
烏丸通
京都市営烏丸線

さらさ西陣
カフェ さらさ西陣
堀川通
興聖寺
妙覚寺
玄武公園
鞍馬口通
鞍馬口

紫野小

北総合支援学校
妙蓮寺
本法寺
今日庵(裏千家)
妙顕寺
不審庵(表千家)
上御霊前通
慈照院
烏丸中
瑞春院

大宮通
堀川寺之内
38
報恩寺
恵聖院
寺之内通
室町小

織成館
雨宝院
本隆寺
上立売通
同志社大寒梅館
同志社大
大聖寺

西陣中央小
京都市考古
資料館
上京保健所
白峯神宮
101
今出川通
今出川
上京区役所
同志社大

上京区

今出川智恵光院
堀川今出川
西陣織会館
烏丸今出川

元誓願寺通

ROUTE
17

北大路・北野ルート

銭湯は借家街の顔である

鞍馬口通り周辺は、今も織機の音が聞こえる西陣地区の北端だ。ここが職住近接の軽工業地域として開発されたのは、大正から昭和にかけてのころだった。堀川から千本までの鞍馬口通りは、このときの開発のメインストリートだ。この通りを軸として一大借家街が形成され、数多くの織機が稼働した。鞍馬口通りに残るふたつの銭湯建築は、ここがそうした借家街であったことの証である。

日本福音ルーテル 賀茂川教会 [21]
1954年　ヴォーリズ建築設計事務所
京都市北区小山下内河原町14

→ 賀茂川端の端正なスパニッシュ風教会

烏丸通りと今宮通りの角の賀茂川教会は、教会ウェブサイトでヴォーリズの作品と紹介されているスパニッシュ風の端正な建築である。最近丁寧に改修され大事に使われていることが見てとれる。大切にされている建物を見るのは気持ちがいいものだ。

→ 軽やかで優しい校舎

烏丸通りと北大路通りの角の大谷大学に

は、三角帽子の塔がおしゃれな尋源館がある。細身の鋳鉄柱に支えられた玄関ポーチがさわやかだ。セセッションスタイルの軽やかさがよく表現されて、威張ったところがなく優しいデザインの校舎である。玄関ホールに薄い鉄板に模様を打ち出した天井パネルが残っているのが珍しい。解体寸前だったが、卒業生を中心とした保存運動の結果、東西に長い校舎の中央部だけを残し、それを取り巻くように新館を建てた。部分保存の好例のひとつだと思う。

→ 上品なスパニッシュスタイル

紫明通りの街路樹の陰にある紫明会館は、スパニッシュコロニアルスタイルの秀作である。装飾が少ない控えめな建築であるけれど、それゆえに上品に仕上がっている。京都府師範学校（現京都教育大学）の同窓会館として建てられ、内外とも古い部分が比較的よく残っている。

スパニッシュスタイルは、米国のサンタフェ鉄道が駅舎に採用して一躍有名になったようだ。サンフランシスコ万博の日本館を設計した武田五一は、日本のお城にも似たこの白亜のスタイルを相当気に入ったらしく、このスタイルを日本に持ち込み、その後のスパニッシュブームの火付け役のひとりとなった。2013年に現在の所有者が建物を取得しデイサービスや貸しホールとして利用されている。

→ 和風モチーフとモダニズムの融合

京都府営繕で腕を振るった十河安雄は和風モチーフとモダニズムとの混用が上手い。この京都小学校校舎は、水平線を強調しコーナーを丸く納めたインターナショナルスタイルに、大きな千鳥破風の屋根をかけている。今から考えると不思議に見える取り合わせだ

大谷大学尋源館（旧本館）
1924年　須藤 勉、山本八太郎
京都市北区小山上総町

紫明会館
1932年　清水組
京都市北区小山南大野町1

京都教育大学附属 京都小学校
1938年　十河安雄
京都市北区紫野東御所町

京都市北区総合庁舎、紫野市街地住宅　[21]
1970年　日本住宅公団
京都市北区紫野東御所田町33-1

日本聖公会　京都復活教会
1936年　W.M.ヴォーリズ
京都市北区紫野西御所田町

さらさ西陣（旧藤森湯）
1930年　設計者不詳
京都市北区東藤ノ森町11-1

が、当時は和風の合理的な新解釈として受け取られたのではないか。帝冠様式よりも清新な印象を創り出すことに成功している。

→ 市民に寄り添うモダニズム建築

京都小学校向かいの京都市北区総合庁舎は、紫野市街地住宅の1階に入っている。2階以上がURの賃貸住宅だ。5階建てのモダニズムの佳品である。正方形の窓を並べ、バルコニーを飛び飛びにつけることでリズミカルな壁面を作り上げている。ちなみに市街地住宅とは、土地の所有者と公団とが共同して集合住宅を建てる手法で、土地の所有者は低層フロアをオフィスとして使うことが多い。

→ ヴォーリズの名教会

京都にヴォーリズ作品数々あれど、堀川通りと北大路通りの角の京都復活教会は、その中でも有名な教会である。見ての通りのゴシックスタイルだ。興味深いのは塔のアーチを飾る透かし模様をどうやって作っているのかということだ。普通考え付くのは大型テラコッタを組み立てる方法なのだが、わたしには現場で作ったコンクリート製に見える。複雑な形のパーツも型枠さえあればテラコッタより安く用意できるだろう。それを何らかの補強を加えてアーチに取り付けているのではないか。この手法は現代でも十分使えるだろう。使いこなせると楽しい手法だ。

→ マジョリカ風タイルが楽しい銭湯カフェ

ここからは鞍馬口通りを西へ向かう途中の銭湯を2軒紹介する。ひとつ目のさらさ西陣は、旧銭湯をカフェに利用したものだ。銭湯の楽しみといえばタイルだが、ここでは見事なマジョリカ風タイルが楽しめる。このころの国産タイルは鮮やかなものが多い。それは

当時の京友禅の着物もそうで、大胆に原色を使った柄が多い。モダニズムというよりアールデコといったほうが良いかもしれない。ニューヨークの摩天楼の極彩色のインテリアと同じ時代のタイルなのだ。

→ 欄間が見事な現役銭湯

ふたつ目の船岡温泉は、戦場をテーマにした欄間が見事だ。戦車や戦闘機の欄間は他では見たことがない。西洋建築ならアイアンワークやステンドグラスを窓に入れるが、日本建築では欄間飾りや障子で飾る。装飾は建築が手作りである痕跡だと思う。そのことが建築の親密感に今もつながるのではないか。

→ 住んでみたい元門衛所

千本通りを経由して、北野天満宮を抜けて西すぐの聖ヨゼフ修道院門の家は、なんと素敵な小住宅なのだろう。ここだけロンドンの田園都市に似た別世界がある。この修道院は元は住友家の別邸だったが、母屋のほうは既にない。これは門衛所だったらしいが、小さいがゆえに愛らしい作品となったといえる。レンガと土壁の組み合わせが絶妙で、木造でここまで作れるのは素晴しい。見習いたいものだ。

→ おめでたい。白梅町の赤レンガ建築

当ルート最後は、嵐電北野線北野白梅町から南へすぐの衣笠会館で、旧藤村岩次郎邸とある。藤村は西陣織り業者で五二会綿ネルの創業者のひとりだ。五二会綿ネルのレンガ工場はNISSHA工場（壬生・烏丸御池ルート）として残っている。藤村は住宅地経営も手がけ、明治末にこの地に白梅園という郊外住宅地を作り、この建物は白梅園の付属施設として機能していたらしい。

船岡温泉
1923年　設計者不詳
京都市北区紫野南舟岡町

聖ヨゼフ修道院 門の家　　　　　　[21]
（旧住友家衣笠別邸 門衛所）
1920年　多久仁輔（住友営繕）
京都市北区東紅梅町

衣笠会館（旧藤村岩次郎邸）
1905年頃　設計者不詳
京都市北区北野下白梅町

MAP 8 | 洛北エリア

京都市営烏丸線

松ヶ崎

103 北山通

松ヶ崎樋ノ上町

松ヶ崎小脇町

京都工芸繊維大学 KIT倶楽部

メリノール修道院 •

京都工芸繊維大
美術工芸資料館

左京区役所　京都工芸繊維大学 3号館

北泉通

松ヶ崎正田町

367

山端川端町

白川通北山

馬橋

高野泉町

山端柳ヶ坪町

白川疏水通

松ヶ崎浄水場電気室

松ヶ崎浄水場

琵琶湖疏水分線

障害者スポーツ •
センター

高野玉岡町

高
野
川

大
原
道

東
大
路
道

一乗寺北大丸町

北泉通

叡
山
電
鉄

修学院第二小

曼殊院道

一乗寺里ノ前町

コープ下鴨
松ヶ崎桜木町 •

367

高野教会

高野橋

ROUTE 18　高野・
松ヶ崎ルート

中級
★★
★

総距離 4.5km／参考タイム 1h30m
消費カロリー 219kcal ／建築物数 9

叡山電鉄茶山駅
→ 地下鉄松ヶ崎駅

叡
山
電
鉄
本
線

一乗寺公園

一乗寺中ノ田町

高野橋東詰

カナート洛北　● イズミヤ

高野

一乗寺梅ノ木町

下
鴨
東
通

川
端
通

● ホテルアバンシェル京都

● 高野中

北大路通

白川通北大路

東大路高野第三団地集会所・管理事務所

181

高
原
通

白
川
疏
水
通

一乗寺道

左京図書館 •

田中古川町

茶
山

養徳小

鴨東教会

一乗寺塚本町

高野清水町

N

0　　　　300m
Scale 1/10000

田中大久保町

元田中

東鞍馬口通
北白川伊織町

駒井家住宅

高野・松ヶ崎ルート

京都の郊外、洛北の住宅地を歩く

疏水分線づたいに北上するルートだ。駒井邸はナショナルトラストで保存が決まった事例としても有名だ。公開日が決まっているので事前に確かめておきたい。美術工芸資料館はポスターコレクションで有名で、展覧会を開いていることもあるので開館日を確かめておくと良いだろう。本野精吾は最近研究が進み全貌が見えてきた建築家だ。特に、2010年に美術工芸資料館で開かれた「建築家本野精吾展ーモダンデザインの先駆者ー」で直近の発見や研究が網羅された。

→ 大倉の関与した教会建築

叡山電鉄茶山駅から東鞍馬口通りに出て東へすぐの鴨東教会は、近年大倉三郎が関与していたことがわかった教会だ。軽快なデザインはモダニズムを意識しているせいだろう。アーチ小窓が表現主義っぽいのもこの時代ならでは。2階南側の庇まわりが和風になっているのがおもしろい。他ではアーチ小窓の縦横の比率が1：1になっているところも大倉

日本基督教団 鴨東教会 [23]
1934年　ミラノ工務店（大倉三郎設計指導）
京都市左京区田中高原町24

駒井邸　　　　　　　　　　[21]
1927年　W.M.ヴォーリズ
京都市左京区北白川伊織町

東大路高野第三団地 集会所・管理事務所
(旧鐘紡京都工場 機関室)
1908年　横河工務所
京都市左京区高野東開町

カトリック高野教会　　　　[21]
1948年　設計者不詳
京都市左京区下鴨東森ヶ前町7

らしいデザイン処理だ。アーチ小窓まで大倉
的だとすれば、会堂のデザイン全体に関わっ
ていたのかも知れない。

→ これぞヴォーリズの優しい住宅

　白川疏水沿いを少し南へ向かった駒井邸
は、外見はスパニッシュで、玄関廻りのデザ
インがかわいいヴォーリズ設計の住宅だ。玄
関にはベンチがしつらえてあるし、階段室も
明るくゆったりとしていて、2階にはサン
ルームもある。ヴォーリズの住宅はどこも住
みやすそうだ。また、ドアノブが色ガラス
だったりと、細かいところに楽しみがある。
現在建物は日本ナショナルトラストで保護さ
れているので、公開日にはぜひ内部も見学し
て欲しい。ちなみに駒井卓は京大医学部の教
授だった。

→ 地域の歴史の証人

　東鞍馬口通りを西へ向かい、東大路通りを
北へ向かうと高野第三団地がある。ここには
以前、鐘紡の紡績工場があり、この集会所は
元機関室だという。外壁を保存して内部を集
会室に作り替えて、横のノコギリ型の壁は工
場の一部だ。鐘紡の大工場は団地に変わった
ところが多いが、こうした保存事例は珍し
い。これがあるおかげで、地域の歴史的風景
の展開を手に取るように知ることができるの
がありがたい。

→ 見所満載の教会

　高野橋を渡ってすぐのところに、カトリッ
ク高野教会はある。他にも似たタイプの教会
堂があるから、おそらく同じ建築家の手にな
るのだろう。スパニッシュを基調としてい
て、控えめなデザインながら、玄関まわりの
装飾や鐘楼など見どころの多い教会だ。

→ ここから疏水は西へ

　松ヶ崎浄水場の方向に向かうと琵琶湖疏水
分線(そすいぶんせん)がある。疏水が京都旧市街の北側へまわ
るのは、堀川へ接続して市街地の排水を良く
するためだったという。疏水分線流域では周
辺住民の活動によりホタルが増えてきてい
る。生き物がいると水辺は断然親しみ深くな
る。運河にせよ上水にせよ、水辺は都市の楽
しみ方と深く関わっている。

→ 今のうちに見ておきたい

　松ヶ崎浄水場には、レンガの壁に大きな
アーチの付いた建物が残っている。西側増築
部のタイル貼りとのコントラストがおもしろ
い。大きなアーチを壁面に描き出しているの
は、蹴上発電所（蹴上・疏水ルート）と似て
いる。京都市資料によればレンガ造ではなく
鉄筋コンクリート造らしいが本当だろうか。
それにしても、あれだけたくさんあった京都
市上水道関係のレンガ建物も今は数えるほど
しか残っていない。

→ 本野のシャープな造形美

　北泉通り(ほくせん)に抜けた京都工芸繊維大学の旧本
館は、本野精吾の基本設計で、玄関扉のアー
ルデコ模様がおもしろい。北側立面の大きな
窓は製図室だ。アトリエの窓は北向きと相場
が決まっている。直射日光を嫌うからで、実
はこれは採光の原則だ。だから工場のノコギ
リ屋根も写真スタジオの採光窓も北側だ。こ
の建物はスクラッチタイルのおかげで柔らか
い印象になっているが、プロポーションを計
算し尽くしたシャープな造形が本野の作風
だ。本野は、京都市立美術工芸学校（現京都
芸大）の上野伊三郎らと日本インターナショ
ナル建築会を結成し、前衛的な建築活動を展
開したことで知られる。

琵琶湖疏水分線　　　　　　　　[23]
1890年　田辺朔郎
京都市左京区松ヶ崎西桜木町

松ヶ崎浄水場 電気室（旧最高区ポンプ室）
1927、1940年　設計者不詳
京都市左京区松ヶ崎杉ヶ海道町

京都工芸繊維大学 3号館（旧工芸本館）
1930年　本野精吾
京都市左京区松ヶ崎海道町

京都工芸繊維大学 美術工芸資料館　[23]
1981年　船越暉由、京都工芸繊維大学施設課
京都市左京区松ヶ崎海道町

→ 必見のポスターコレクション

　京都高等工芸学校時代からのポスターコレクションが充実している京都工芸繊維大学美術工芸資料館は、中央に吹き抜けを設け、そのまわりを回遊する構成がおもしろい。外壁はキャンパスの基調色チョコレート色のタイルだが、他の校舎と違うのは縦横の目地が通るイモ目地になっていることだ。この建物は工繊大卒業後、渡辺節建築事務所を経て母校の教授となった船越暉由の設計で、他に隣接するセンターホールなど学内校舎を多数手がけている。

→ 田園風景に馴染むヴォーリズ住宅

　当ルート最後、京都工芸繊維大学北側の旧船岡家住宅離れは、工繊大がここへ移転する前から建っている三角屋根の小さな洋館だ。つまり一面の田園風景のなかに建っていたわけだ。たしかもう一棟あったと思うが、今はこれしか残っていない。舟岡省吾は京大医学部の教授で、駒井邸の駒井卓も医学部教授だったが、ヴォーリズは医学部とつきあいが深かったのだろうか。

京都工芸繊維大学 KIT 倶楽部　[21]
（旧舟岡家住宅離れ）
1929年　W.M.ヴォーリズ
京都市左京区松ヶ崎鞍馬田町 15-1

用語解説
ナショナルトラスト…19世紀末のイギリスで始まった環境改善運動で、国民的な風景を都市の女工たちに開放した
モダニズム…もともとは宗教改革の用語だが、本書では19世紀以後の近代合理主義建築をいう
スパニッシュ…スパニッシュコロニアルスタイルのことで、スペインの植民地で展開した建築スタイル
スクラッチタイル…スクラッチとはひっかくこと。表面をひっかいて筋をつけたタイル
イモ目地…タイルの貼り方において、タテヨコの目地を通すこと

MAP 9 ｜ 洛南エリア

酒の街伏見の酒蔵活用まちづくり

伏見は古くから京都の外港だった。明治以降は鴨川運河をさかのぼって京都へ至り、岡崎のインクラインを使って琵琶湖へ抜けることができた。伏見は運河が多く残っているのが特徴だ。夏場には観光用の三十石船も出ていて水路めぐりも楽しい。水路が迷路のように入り組んでいるのは、ここが城下町であったことのなごりなのかも知れない。日本の都市は港町タイプが多いが、伏見を歩いていると都市の構造が水運中心に決められているように見える。また、伏見には酒蔵を再利用したレストランがいくつもある。食文化を活かしたまちづくりもおもしろい。

三栖閘門
1929年　設計者不詳
京都市伏見区三栖町5丁目

→ 幸せなジョブチェンジ

　京阪中書島駅から伏見港公園の西向こう宇治川手前の三栖閘門は、ふたつの水門を使って、濠川と宇治川との水位を調整する仕組みになっていた。今は宇治川の水位が低すぎるので使えるようには見えないが、宇治川の堤防を造るときに伏見港への出入り口として設置されたそうだ。現在この水門は、観光用の伏見三十石船の折返点として再利用されてい

る。水門が再び開くことはないのかも知れないが、幸せなジョブチェンジだと思う。

→ 優美なレンガ建築

肥後橋を渡った北側はモリタ製作所だが、これほど優美なレンガ建築が残っていること自体が驚きである。これは幻の電力会社、京都電力の火力発電所だったが、送電直前に京都電灯に買収され、以後、京都電灯の発電所として使われていた。2棟あってそれぞれデザインが違うので建築時期が違うかも知れない。正門から見える東棟は妻壁をギザギザと飾って、まるでオランダの運河沿いにある商館のようなたたずまいである。

→ 昭和初期へのタイムトリップ

京阪中書島駅北の新地湯は、地元に愛されている銭湯である。とても愛らしい外観で、左右のアーチ窓にステンドグラスも残る。正面上部のアーチに温泉の文字があり、その上に照明の付いていた跡がおわかりだろうか。夕暮れ時、ここにポワッと明かりがともると、そこだけ宮沢賢治の「銀河鉄道の夜」に出て来るような幻想的な光景となる。

→ 丁寧につくられた地域の会館

壕川の支流を渡り、川沿いに京阪をくぐれば南浜会館が現れる。木造校舎のようないでたちで、下見板張りの壁面がよい趣きを残す。西側玄関の庇がよくできているので必見だ。妻側の縦長の屋根裏換気口も丁寧に作られている。妻側の軒下を覗きこむと母屋（屋根の骨組み）が壁から突き出ていて、それが屋根勾配と同じ向きに傾いているのがおわかりだろうか。これは屋根の骨組みがトラスであることを示している。トラスとは鉄橋のような構造のことで、木造小学校でよく使われた。

モリタ製作所 本社工場（旧京都電灯 伏見発電所）
1913年頃　設計者不詳
京都市伏見区東浜南町

新地湯
大正から昭和初期　設計者不詳
京都市伏見区南新地4-31

南浜会館　　　　　　　　　　　　　　[24]
建築年・設計者不詳
京都市伏見区柿木浜町455

平戸樋門 [23]
1926年（2004年復元） 設計者不詳
京都市伏見区豊後橋町

月桂冠 大倉記念館
1909年 設計者不詳
京都市伏見区片原町

鳥せい 本店（旧山本本家〔神聖〕東蔵）
大正期 設計者不詳
京都市伏見区上油掛町186

→ こだわりの復元

　外環状線をくぐり、宇治川の堤防にのぼる。教えられるまで復元だと気づかなかった。鉄の扉の上部が湾曲しているデザインがかっこいい。城門を意識しているように見える。

　洪水を避けるために伏見港と宇治川とを切り離す堤防工事に着手したのが1922年だった。平戸樋門完成が1926年、三栖閘門完成が1929年、堤防の全部が完成したのが1931年である。上流から順に造っていったわけだ。樋門と閘門が洋風なのは琵琶湖疏水のイメージを踏襲しているからだろう。

→ 伏見の美風景

　濠川の支流右岸を引き返し、橋までもどる。ここからは、酒蔵活用のまちづくりを見てまわろう。最初の月桂冠大倉記念館は水路側からも見ておきたい。水路に面して酒蔵の並ぶ様子は美しく、もともと水運を利用した施設であることがわかる。月桂冠は江戸時代の創業だが、明治になって鉄道用のビン入り清酒を売り出したことで有名になった。いわゆる鉄道効果によって伏見は清酒の産地として急成長をとげたようだ。

→ 酒蔵の骨組みが美しい

　少し北へ歩くと、地元でも人気の高い焼き鳥レストラン鳥せい本店だ。元は山本本家「神聖」の酒蔵で、酒蔵の骨組みをそのまま見せたインテリアデザインが楽しい。ランチタイムも営業している。

→ 食文化を活かしたまちづくり

　鳥せい本店の西、キザクラカッパカントリーは、酒屋による地ビールレストランとして有名で、河童資料館も併設されている。伏見は明治以降に産地形成が進んだことで、酒

蔵などの歴史資産が多く残っている。そのなかで、もっとも大きな歴史資産は清酒を中心とした食文化だと思う。食文化を活かしたまちづくりというのがおもしろい。そこへ古い建物が関わるとなればたいへんうれしい。

→ 今はなき伏見市の市章レリーフ

キザクラカッパカントリーから少し南、壕
川護岸の伏見市章は護岸工事の際に付けられた。護岸は蓬莱橋のたもとの「御大典記念埋立工事竣工記念碑」によって、1930年に竣工したことが分かる。1889年に発足した伏見町は1929年に市となったが、2年後の1931年に京都市に編入され伏見区となった（伏見市章は伏見町章をそのまま使った）。市章は葉っぱとつる草で飾られている。整備工事によって地域が伸び行くことを願ったのであろう。

→ 伏見の美風景その2

大手筋を西へ、新高瀬川手前の松本酒造の煙突は、京都に残るレンガ煙突のなかでも大きいもののひとつである。黒い酒蔵と赤いレンガ煙突との取り合わせが美しく、後ろのレンガ建物は大きな丸窓が見せ場を作っている。レンガは本当に自由自在だ。

→ らしくなさが興味深い

大手筋を東へ戻り、竹田街道を北へ向かう左手の昭和蔵事務棟は、3階を増築しているので、知らないと通りすぎてしまうかも知れない。軒廻りの大胆な丸型飾りがウイーン分離派のオットー・ワグナーを思わせ、2階正面の窓と窓の間の模様はコロマン・モーザーのポスターデザインに似ている。いずれも世紀末ウイーン分離派だけど、それがなぜここに現れるのか。なかなか興味深い建物だ。

キザクラ カッパカントリー
1933年（清酒工房）　設計者不詳
京都市伏見区塩屋町228

壕川護岸の伏見市章　　　　　　　[23]
1930年　設計者不詳
京都市伏見区壕川（宇治川派流）

松本酒造
1922年以前　設計者不詳
京都市伏見区横大路三栖大黒町7

月桂冠 昭和蔵 事務棟
1927年　佐伯組　京都市伏見区片原町

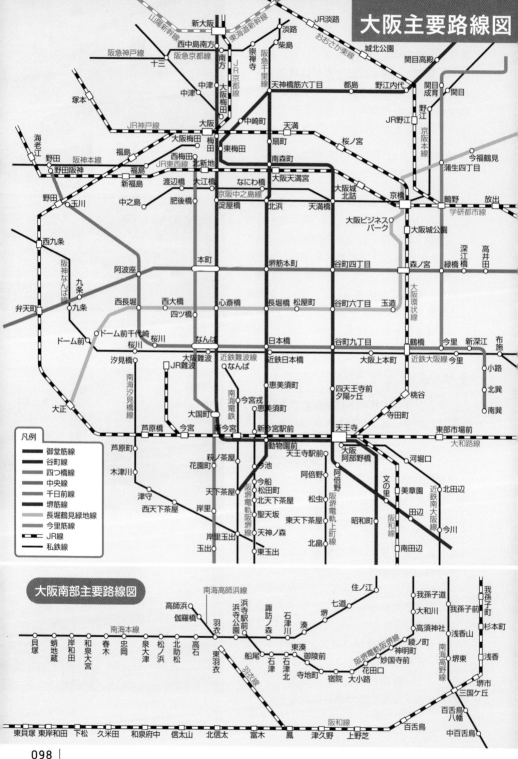

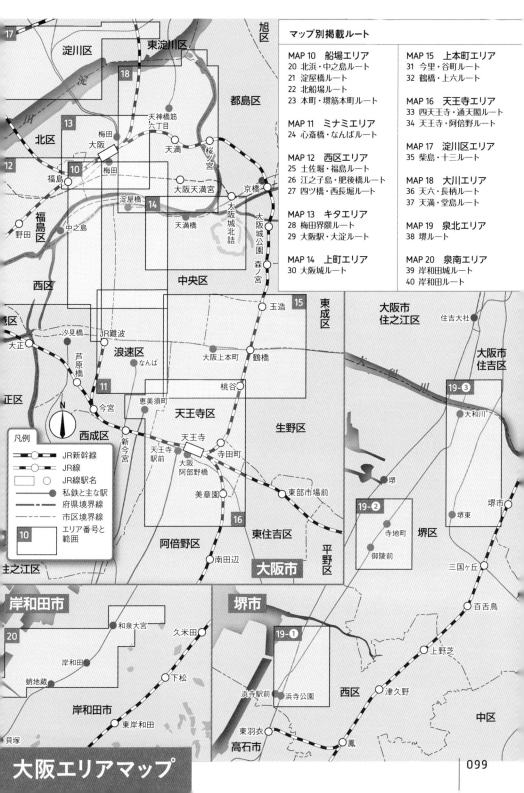

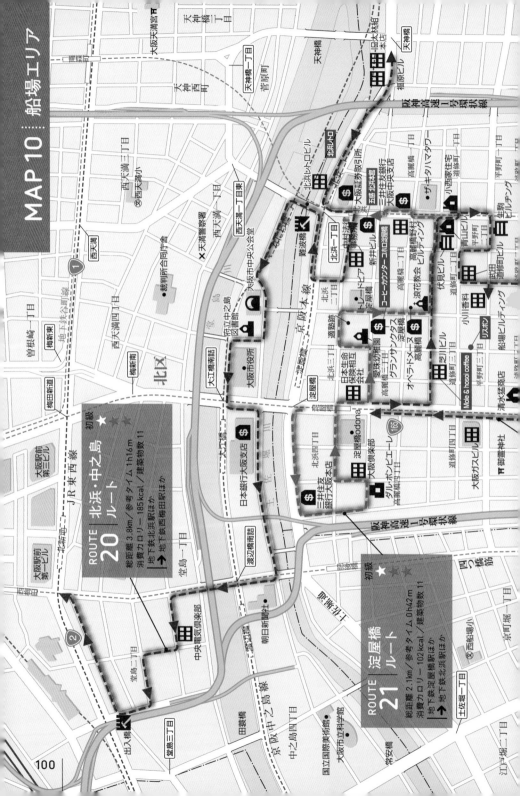

MAP10 …… 船場エリア

ROUTE 20 北浜・中之島 ルート

初級 ★★

総距離 3.8km／参考タイム 1h16m
消費カロリー 185kcal／建築物数 11
→ 地下鉄北浜駅ほか
→ 地下鉄西梅田駅ほか

ROUTE 21 淀屋橋 ルート

初級 ★★★

総距離 2.1km／参考タイム 0h42m
消費カロリー 102kcal／建築物数 11
→ 地下鉄淀屋橋駅ほか
→ 地下鉄北浜駅ほか

北浜・中之島ルート

若い才能が集まった黄金時代の大阪を歩こう

19 20年代の大阪には続々と建築家が集まっていた。すでに10年代には宗兵蔵や渡辺節といった大阪を代表する建築家が活躍していたが、葛野壮一郎、久野節、宗事務所の大倉三郎、渡辺事務所の村野藤吾らが登場する。大阪の工業生産額は飛躍的に伸び、市の財政は市電と電気事業でうるおっていた。大規模な都市改造が行われ、その結果、まだ誰も見たことのなかったモダン都市風景が誕生した。このコースでは彼らの旺盛な仕事ぶりを追うことになるだろう。

大阪証券取引所
1935年　長谷部・竹腰建築事務所
大阪市中央区北浜1-8-1

→ モダン都市の残り香

　大阪の近代建築といえば中之島だろうが、その前に北浜界隈を見ておこう。

　大阪証券取引所は、保存運動のおかげでコーナー部分が残ったが、部分保存といっても近年はほぼ解体してから復元するので、元の部材がそのまま残るわけではない。ここの場合はステンドグラスがオリジナルだ。よく見るとステンドグラスの中央にサンドブラストで植物文様を描いている。天井から下がる

きのこ型のアールデコ風のランプも当時のものだろう。良質なモダン都市の残り香がここにある。公開されているので、ホールに入ってみるといい。

→ 必見！奇跡的保存のレトロビル

向かいの土佐堀川沿いの北浜レトロビル、中も外もそのままというのは奇跡的だ。丹念な修理を重ねて原形がほぼ保存されていることに驚く。おそらく更新されている部分も少なくないはずだが、それを全く感じさせない。わたしもこういう仕事がしたいと思う。カフェになっているので利用しておきたい。

→ 扁平敷地を逆手にとった

福原ビルは、コーナー部に特徴があるインターナショナルスタイルである。最近修復されたが、川側のプレーンな感じが以前と同じデザインだ。コーナー下に立つと空へ向かって尖ったビルに見え、扁平敷地を逆手にとったおもしろいデザインといえよう。久野節は心斎橋・なんばルートの南海ビルディング（高島屋大阪店）で有名な、鉄道畑を歩いた建築家である。

→ 大阪ロマネスクを効かせた

となりの旧大林組本店は大林組の本社ビルだったが、今はテナントビルになっている。前面をスクラッチタイルで覆い、タペストリーのような暖かみのあるファサードに仕上がっている。落ち着いたクラシック建築だが、細部の彫刻は大阪ロマネスクを加えてさりげなく新しさをアピールしている。

→ 村野のゴシック的幻想

中村健太郎法律経済事務所は村野の初期の作品だ。村野のおもしろさのひとつは、必要

北浜レトロビル（旧桂隆産業）
1912年　設計者不詳
大阪市中央区北浜 1-1-26

福原ビル
1930年　久野 節建築事務所
大阪市中央区北浜東 6-14

旧大林組 本店
1926年　大林組（平林英彦）
大阪市中央区北浜東 6-9

中村健太郎法律経済事務所
1938年　村野藤吾
大阪市中央区北浜 2-4-10

難波橋
1915年　宗 兵蔵、大阪市電気鉄道部
大阪市中央区北浜/北区西天満

大阪市中央公会堂
1918年　岡田信一郎、
辰野片岡建築事務所
大阪市北区中之島 1-1-27

以上に手の込んだ細部にある。モダニストは概して装飾を嫌うが、村野のモダニズムは装飾なしには語れない。この建物をもっとも印象づけているのは、中原淳一の絵に出てきそうなデザインの玄関上の照明器具だろう。ゴシックでもないしセセッションでもない、ましてアールデコでもない。箱形のランタンに絡みつくツル草は当然バラなのだろう。やはりゴシック的な幻想なのだろうか。

→ 大阪人が愛するライオン橋

　北浜から中之島へ渡る難波橋は、ライオン橋として大阪人に愛される橋だ。近所に本社を構える大林組が手がけた。1975年に改修され上部意匠はそのまま使われているが、鋳鉄製の手すりや中央橋塔の照明器具などは戦時中に失われている。ライオンが狛犬のように「あ・うん」になっているのが大阪らしくておもしろい。

→ 大阪近代建築の象徴

　大阪市中央公会堂はコンペで選ばれた岡田信一郎の案を元に辰野が仕上げた。岡田案は現況とよく似ているが、もっと派手である。わたしは辰野びいきだから、原案よりもおとなしい今の公会堂のほうが好きだ。細部についてはほぼ片岡安のデザインに見える。大阪市の市章「みおつくし」を模した手すりなど、片岡流の装飾分解で満ちている。近年免震化されたが、玄関ポーチの新しいガラス製庇も全体の印象を活かした上手いデザインだ。

→ 威風堂々の新古典主義

　大阪府立中之島図書館のモデルとなった図書館がアメリカにあるそうだ。いかにもアメリカ風の威風堂々とした新古典主義建築である。ジャイアントオーダーに支えられた三角

形のペディメントというギリシャローマ古典
様式をそのまま引き写したような建築は日本
には案外少ない。

→ 居ずまいの正しい辰野の代表作

　大阪市役所向かいの**日本銀行大阪支店**は、
辰野先生の代表作のひとつだ。図書館と同じ
新古典主義建築といっても、辰野は権威的な
建築を作らない。中世主義的な繊細で優しい
建物で正面のドームも小ぶりだ。ドームの裾
がきゅっと内側へ入り込んでいるので王冠の
ように見えるのがおもしろい。大仰なところ
がなくピンと背筋を伸ばした居ずまいの正し
い建築である。

→ にぎやかな葛野の奇想

　渡辺橋で堂島に渡り、２本目を西に向かっ
た**中央電気倶楽部**は、路地のような狭い道に
面している上に、バルコニーやアーチや飾り
ツボをファサードに取り付けているので、ま
るで古いヨーロッパの都市の一部を切り取っ
たような建築である。おもしろいのは玄関右
の円窓と３階壁面に取り付けられたアーチ型
レリーフで、左官職人の作ったコテ絵もしく
は型押しのモルタル製だろうか。どちらも植
物文様らしいが、葛野壮一郎の奇想から生ま
れたものたちかも知れない。

→ 石貼り舗装が残る

　国道２号線手前、阪神高速下の**出入橋**は、
川がなくなっても橋は残った。普通ならばせ
いぜい欄干親柱が取り置きされる程度なの
に、ここではなんと石貼りの舗装まで残って
いる。よく見ると手すり上に照明が立ってい
た跡が残っているから、それも元通り復元し
て良いと思う。

大阪府立中之島図書館（旧大阪図書館）
1904年　住友建築部（野口孫市、日高 胖）🏆
大阪市北区中之島 1-2-10

日本銀行 大阪支店
1903年　辰野葛西建築事務所
大阪市北区中之島 2-1-45

中央電気倶楽部
1930年　葛野建築事務所
大阪市北区堂島浜 2-1

出入橋　　　　　　　　　　[24]
建築年・設計者不詳　大阪市北区堂島 3

ガスビル以前の安井武雄を探しに行かないか

1920年代の大阪は、安井武雄（やすいたけお）の登場で一気に変わった感じがする。安井はガスビルが完成形であるようにいわれるが、出世作となった大阪倶楽部や野村ビルこそ安井の本領ではないかとわたしは思う。彼の幻想的な装飾は中国やインドの装飾がベースなっているようだが、色や形だけではなく装飾の持つ意味をわかって使っているように見える。大阪のモダン都市のデザインの底流には東洋趣味的幻想がある。それを引き出してきたのが安井だった。

三井住友銀行 大阪本店（旧住友ビルディング）
1926、1930年　住友合資会社
大阪市中央区北浜 4 - 1 - 1

→ 大阪は住友とともに

土佐堀沿いの三井住友銀行大阪本店は、これぞクラシックビルという建物だ。竣工当時は北側玄関から土佐堀側に専用の橋が架かっていたと聞く。大阪に住友ありといういわずもがなの主張である。建築的にはタテ樋の集水器を見て欲しい。ライオンの口から雨水が落ちる仕掛けになっているロマネスク的なデザインだ。南側立面が他の３面と違うのもおもしろい。連続アーチが印象的で、やはりロ

マネスク風のレリーフが窓上を飾る。大阪ロマネスクと名付けても良いかも知れない。

→ ジャジーな元消防署

旧住友ビルディングからふた筋南の**レストランダル・ポンピエール**は、元消防署だったというから驚きだ。大阪の消防署建築はおもしろいものが多い。基本ジャズ建築だけど、変形アーチの縁飾りに丸い花模様を点々と付けるあたりはやはり大阪ロマネスク化しているといえる。

→ これぞ大阪ロマネスク

次の**大阪倶楽部**、これぞ大阪ロマネスクといわせてもらおう。西側にバルコニーがあって、テラコッタの装飾で飾られている。おもしろいのは窓の上に小さなライオンがいることだ。難波橋といい、旧住友ビルディングといい、大阪はライオンと相場が決まっていたのだろうか。正面に立つ魚の石柱が見せ場だ。1920年代大阪建築界のホープ、安井武雄の初期作品である。

→ 日本のオフィスビルの典型

日本生命は東京本店も大事になさっているし、京都支店も部分保存したりで、歴史的建物を大切にする企業色が好ましい。住友大阪本店を設計していたメンバーたちが独立してこの**日本生命大阪本店**を作ったから似ているわけだ。日本のオフィスビルの典型のひとつは大阪で作られたともいえるだろう。

→ 初の重文幼稚園

日本生命大阪本店のふた筋東の**大阪市立愛珠幼稚園**は、大阪の町衆が自分たちで作った幼稚園で、都心部で今でも現役の木造園舎は珍しい。国の重要文化財になったのも幼稚園

レストラン ダル・ポンピエール
（旧中央消防署今橋出張所）
1925年　設計者不詳
大阪市中央区今橋4-5-19

大阪倶楽部
1924年　片岡建築事務所（安井武雄）
大阪市中央区今橋4-4-11

日本生命保険相互会社 大阪本店
1938年　長谷部・竹腰建築事務所
大阪市中央区北浜3-8-32（増築部分は今橋3）

大阪市立愛珠幼稚園
1901年　中村竹松、伏見柳子
大阪市中央区今橋3-1-11

グランサンクタス淀屋橋
(旧八木通商本社、旧大阪農工銀行本店)
1918年(1929年改装)　辰野片岡建築事務所
(改装：国枝 博)
大阪市中央区今橋3-2-2

オペラ・ドメーヌ高麗橋
(旧日本教育生命保険・大正生命保険・大中証券)
1912年　辰野片岡建築事務所
大阪市中央区高麗橋2-6

日本基督教団浪花教会
1930年　竹中工務店
(石川純一郎、早良俊夫)
大阪市中央区高麗橋2-20

舎では初めてだったという。この北側に有名な適塾があったのは偶然ではない。この地域が町衆文化の中心地だったのだ。

→ テラコッタ貼りを活かしたマンション

　三休橋筋のグランサンクタス淀屋橋は、旧八木通商本社の外壁を保存して2013年に分譲されたマンションだ。分譲マンションの開発にあたって歴史資産を活用したものとして、関西では早い例だろう。同様のものは、神戸のファミリアホール外壁を保存したザ・パークハウス神戸タワー（2019年分譲）などが続く。ご覧のように、外壁を全面テラコッタで覆う。もともと片岡安の設計したレンガ造りの銀行だったが、1929年に国枝博がテラコッタ貼りに改修した。国枝は滋賀県庁舎の設計者として知られている建築家だ。

→ ロマンチックな片岡の原型

　すぐ南のオペラ・ドメーヌ高麗橋、片岡の原形はこうしたセセッション的なものだったのだろう。レンガ壁に石材で横ラインを入れるのは師匠ゆずりの辰野式だが、曲線を多用するがゆえに、全体にセセッション的なロマンチック感があふれているところなどはやはり片岡らしい。東北角の煙突底に張り付いたアカンサスの葉、南西角上部のソフトクリーム型の花かごは、いずれも石造であり、大阪の石工文化の優秀さを表している。

→ 街なかのリズミカルな教会

　となりの浪花教会のファサードには、３つの大きさの異なるアーチが並ぶ。両脇に尖塔風の袖壁を備えているが、アーチの大きさに従って袖壁の高さを変えて、それが壁面の単調さを破ってリズムを生み出している。単なるモチーフの寄せ集めではなく、様式の持つ

リズムを引き出すのが建築家の仕事なのだ。

→ 安井の出世作

　堺筋に出て北へ少しの高麗橋野村ビルディングは、安井の出世作といえよう。後に続く大阪ガスビルの前段階と見られることが多いが、わたしは大阪ガスビルとはまた違う完成された世界観が示されていると思う。ここでも彼は玄関脇に柱を立てている。壁に貼りついているが大阪倶楽部の魚の石柱と同じ扱いだ。安井の東洋趣味的幻想がここにもある。

高麗橋野村ビルディング
1927年　安井建築事務所（安井武雄）
大阪市中央区高麗橋 2-1-2

→ 曾禰中條の形見

　堺筋をはさんで向かいの三井住友銀行大阪中央支店は、今となっては数少ない正統な新古典主義様式である。この建物はイオニア式の柱頭で飾られたジャイアントオーダーの列柱でまとめている。南側の玄関扉は見事なブロンズ製で見どころのひとつだ。南面は列柱が扁平になっているのもおもしろい。正面列柱上のメダリオンは蛇と杖の紋章でギリシャ神話の神ヘルメスの持つ杖だ。降霊の杖であり冥界との通信が可能だという。この建物の竣工した年に中條精一郎が亡くなり、翌年曾禰達蔵も亡くなっている。だからこれは曾禰中條の形見のような建物なのだ。こうした様式建築は以後大阪でも作られなくなっていく。

三井住友銀行 大阪中央支店
1936年　曾禰中條建築事務所
大阪市中央区高麗橋 1-8-13

→ 河合の軽やかな銀行建築表現

　北浜の手前の新井ビルは、銀行建築をレストランに再生した建物。河合浩蔵は曾禰中條のような正統様式建築を好まず、もっと砕けたセセッション的な作風だ。1階を石貼りとし最上部にメダリオンを飾るのは新古典主義的な落ち着いた構成だが、そこに使われる装飾はほとんど簡略化されて軽やかさを演出している。

新井ビル（旧報徳銀行 大阪支店）
1922年　河合浩蔵
大阪市中央区今橋 2-1-1

北船場ルート

モダン建築家たちの
前衛的デザインの競演

モダン都市の風景は、さまざまな才能が競うことで開花した。特に前衛的で
パッチワーク的なジャズ系建築は、当時の流行を敏感に感じ取ってさまざま
に展開した。それを統一感がないと批判することもできるが、わたしは自由で中心
のないデザインこそモダン都市にふさわしいと思う。本間乙彦、大倉三郎、安井
武雄などが競ったモダンデザインを楽しんでみよう。

芝川ビル
1927年　渋谷五郎、本間乙彦
大阪市中央区伏見町3-3-3

→ マヤ文明のモダン処理

　北船場をまわるこのルートは、刺激的なデ
ザインが満載だ。ひとつ目の芝川ビルにはメ
キシコのマヤ文明の模様が使われている。入
り口左右の渦巻き文はマヤ文字を思わせる
し、コーナー端部の上のほうを探せばマヤの
神さまを見つけることができる。アメリカの
建築家ライトはマヤの影響を受けたといわれ
ているが、この建物はそのことをなぞったデ
ザインなのだろう。しかし性格の違う2種類
の壁面を大胆に組み合わせたデザインは、ラ

イトというよりも建築の質量感や装飾の意味を消失させるモダンスタイルだ。本間は大阪で活躍したモダンスタイルの旗手である。

→ 船の構造美の建築表現

伏見町通りを東に向かった伏見ビルは、クラフトショップなどが入る楽しいビルだ。玄関入り口のモザイクタイルが美しい。上部の丸窓はやはり船を意識しているのだろう。建築が船をモチーフにするということは、船の構造美こそ新しいモダンスタイルだと考えられていたからに他ならない。

→ 蔦に覆われた大阪ロマネスク

となりの青山ビルは、左右非対称で壁の存在感が高いので、典型的な大阪ロマネスクだと思う。大小さまざまな窓が混在しながら、不思議と不揃いな感じがしないのはさすがである。出入り口のアーチとその上の半円形バルコニーとが響きあって美しい。バルコニー上の、タテ長の窓の両サイドにあるねじり柱は見逃せない。

→ 大都市に残る黒漆喰の土蔵建築

堺筋に出て、通りの東の小西家住宅は土蔵造りの防火建築だ。黒漆喰で仕上げるのは五行説で黒が水に通じるからだろうか。市内でこれだけの町家建築が残っているのも珍しいだろう。もともと小西屋は薬種商で、道修町界隈は今も製薬会社の多い地域だ。小西屋は明治時代にアサヒ印ビールを作り、これが今のアサヒビールの元になったという。ここはビールの聖地でもあったのか。いいな。

伏見ビル（旧澤野ビル）
1923年　設計者不詳
大阪市中央区伏見町 2-2-3

青山ビル（旧野田家住宅）
1921年　大林組
大阪市中央区伏見町 2-2-6

小西家住宅（旧小西儀助商店）
1903年　設計者不詳
大阪市中央区道修町 1-6-10

生駒ビルヂング（旧生駒時計店）
1930年　宗建築事務所、宗 兵蔵、大倉三郎、
脇永一雄
大阪市中央区平野町2-2-12

武田道修町ビル（旧武田長兵衛商店 本店）
1928年　片岡建築事務所(松室重光)
大阪市中央区道修町2-3-6

小川香料
1930年　竹中工務店(本間乙彦)
大阪市中央区平野町2-5-5

→ モダン都市風景の象徴

　平野町通り角の生駒ビルヂングは、大倉三郎の初期の作品だ。通りに面して時計塔を掲げるのは、モダン都市風景として相応しいし、こまかく水平に分割するファサードの構成はモダンスタイルのパターンのひとつだ。建物上部パラペットのテラコッタ装飾が見事で、正面中央上部に「生」を駒形で囲んだ社章を掲げている。

→ 松室の几帳面な大阪ロマネスク

　次は松室重光の登場である。松室は京都府庁の仕事の後は大陸で大連市役所などを手がけたが、1920年代に帰朝し同級生である片岡安の事務所に一時籍を置いていた。この武田道修町ビルはそのときの作品である。見てのとおり、大阪ロマネスク風の正調クラシック事務所ビルで、この建築家がきちっとした作風であることがよくわかる。元は3階建てで4階と東側半分は増築である。1階の列柱に挟まれた3つの窓のうち一番右が玄関だったらしい。明るい色調の茶色の釉薬タイルが南欧風に見える。

→ 秀逸なテラコッタ技術

　平野町通りの小川香料は、本間乙彦の作品である。生駒ビルヂングと同じくファサードを水平に分割している。窓の端を丸くしているのは、船をイメージしたのだろう。特徴的なのは丸みを帯びたテラコッタ製の1階柱だ。金属的なつやが美しい。これほど大判でありながら精度も高く、当時のテラコッタ技術がモダンスタイルの表現を支えてくれていたことがよくわかる。

→ 使い込まれたモダンビル

　淡路町通りの船場ビルディングは、中庭を持つ事務所ビルで、雑貨店やギャラリーなどが入居している。ほぼ古いまま残されていて、モダン都市の風景を彷彿とさせてくれる。竣工当時の写真を見ると、玄関はアーチで、窓の間の壁の上部に飾りがある。建物上部のパラペットに残る三角形の張り出しの上には照明のようなものが載っていて、にぎやかなファサードだった。改修された現在の姿も使い込まれた感じがしてわたしは好きだ。

船場ビルディング
1924年　村上徹一
大阪市中央区淡路町2-5-8

→ 現役のセセッション商店ビル

　御堂筋手前の清水猛商店は、ほぼそのまま残っているうえに現役であることが素晴らしい。3連アーチは武田グループのよく使う手だ。庇と4本の釣り綱やランプに挟まれた店名板、庇上の櫛形窓など世紀末ロンドンのセセッションスタイルを彷彿とさせる。小川は住友の営繕所属の建築家だが、武田が京都高等工芸学校で教えた初期の弟子のひとりだ。

清水猛商店
1924年　住友工作部（小川安一郎）
大阪市中央区淡路町3

→ みんな大好き安井の代表作

　当ルート最後はみんな大好きな大阪ガスビルディングだけど、大阪ジャズ系建築の線から見れば正統すぎる気もする。むしろこれはクラシック建築の系統かも知れない。曲面を活かし水平線を強調したデザインは、中之島の朝日ビルなど他にもあるが、大阪ガスビルがもっとも軽快だ。窓と窓のあいだの付け柱は構造ではなく装飾的なものだが、柱がこんなに細いのかと錯覚させて軽やかな印象を生むことに成功している。基底部を黒でまとめ上階を地面と切り離した処理も水に浮く船のような浮遊感を演出している。安井はやっぱり上手いな。北側半分は戦後の増築だが、まったく違和感を感じさせないのがすごい。

大阪ガスビルディング
1933年　安井武雄建築事務所
大阪市中央区平野町4-1-2

本町・堺筋本町ルート

建築探偵は必ず建物の裏側を見てから考える

戦前のモダンビルの多くは戦災復旧で改修されているので、ファサードが変わっているものが多い。タイルも貼り替えられている場合がある。火災の熱で外装タイルが傷んでしまったのかもしれない。当初の姿がわからないとき、わたしは裏を見る。裏には古い外装や窓サッシが残っていることがあるからだが、見てびっくりということも少なくない。それはあたかもタイムマシンのようなものだ。モダンビルめぐりは時間旅行なのである。

堺筋倶楽部
(旧川崎貯蓄銀行 大阪支店)
1931年　川崎貯蓄銀行
大阪市中央区南船場 1-15-12

→ クラシック系建築再利用の見本

　地下鉄長堀橋駅から堺筋を北へ3つ目角の堺筋倶楽部は、元銀行の建物だ。クラシック系の建物はレストランや披露宴会場に再利用するとちょうど良いという見本のような建物である。大阪のクラシック系は住友大阪本店や大林組本社のようなロマネスク風なものが多かったが、東京ではこのような派手な新古典主義的なものが主流だった。東京に本店を置く金融機関は大阪でも同じデザインを貫い

た。玄関まわりの流麗で力強いバロック風の
デザインは、大阪の石工技術の高さを証して
いる。

→ 今なお現役の本社ビル

　南船場の原田産業は、小笠原祥光が設計し
た商社本社ビルで、今もそのまま本社として
丁寧にお使いになっている。全体的な印象は
スパニッシュで、バルコニーの手すりや窓枠
などアイアンワークが美しい。小笠原は住友
から渡辺節の事務所へ移りその後独立した。
住友や渡辺事務所はモダン建築家のゆりかご
のようだ。

→ 秀逸なモダンデザイン

　原田産業の並びの大阪農林会館は、元は三
菱商事の大阪支店だった。特徴的なのは出窓
のような窓だ。この窓のおかげで、大阪ガス
ビルに匹敵するような軽快な姿となってい
る。大きなガラスを使っているのも同じだ。
窓の両サイドに細いタテ桟の入っているとこ
ろや、窓枠上部を銅板で覆っているところな
ど心憎いデザインだ。

→ ユーゲントシュティールと
　大阪ロマネスクの融合

　心斎橋筋と北久宝寺町通り角の三木楽器本
社は、大阪を代表するモダン建築家のひとり
増田清の作品である。パラペットが屋根風に
なっていて、縦長の窓を並べた姿はどこかド
イツのユーゲントシュティール建築を思わせ
るが、これはドイツのピアノメーカー本社を
モデルにしたからだそうだ。大型陶板の植物
文様が美しい。

原田産業（旧原田商事）
1928年　小笠原祥光
大阪市中央区南船場2-10-14

大阪農林会館（旧三菱商事 大阪支店）
1930年　三菱地所営繕課
大阪市中央区南船場3-2-6

三木楽器 本社（旧大阪開成館 三木佐助商店）
1924年　増田建築事務所
大阪市中央区北久宝寺町3-3-4

ヌービルディング（旧大谷仏教会館）
1933年　竹内 緑建築事務所
大阪市中央区久太郎町3-5-13

西本願寺津村別院（北御堂）　　　　[5]
1964年　岸田建築研究所／岸田日出刀
大阪市中央区本町4-1-3

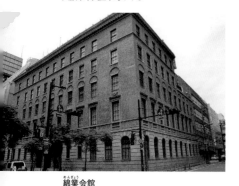

綿業会館
1931年　渡辺 節建築事務所
大阪市中央区備後町2-5

→ 貴重な立面保存

　御堂筋側を立面保存しているヌービルディング、これほど見事なテラコッタ建築は珍しい。立面保存は空疎な印象になることが多いが、ここは違和感なく納まっている。アーチを支えるねじり柱や鳥を配した香炉のようなモチーフなど、ベネチアにでもあるような中世主義建築だ。元は向かいの南御堂の仏教系会館で、竹内緑は京都の建築家だそうだ。

→ 日本建築の楽しげで新しい試み

　御堂筋を北に向かい、本町三丁目交差点で西に渡ってすぐ北が西本願寺津村別院。御堂筋の喧騒を逃れ長大な階段を登ると、視界が開けて別天地にいるような気分になる。鉄筋コンクリート造の建物は日本建築を模してあちこちから梁の先端が飛び出しているのがおもしろい。通りに面した長い門、その内側のベンチの置かれた回廊、お堂左右のライトコートの石庭、日本建築の楽しげな新しい試みにあふれる魅力的な建築だ。伊東忠太が西本願寺の仕事をした延長で、弟子の岸田がこのお堂を手掛けたのであろう。

→ 外装タイルが絶品な渡辺の代表作

　備後町三休橋筋角の綿業会館は、大阪を代表する近代建築のひとつだ。タイル復元家の太田吉雄氏に教えてもらったが、この外装タイルがたいそう珍しい。歯のいくつもある下駄のような形を作り、乾燥後にその歯を折っている。しかも歯と歯のあいだにタテ筋を入れている。そのタイルが2種類あって交互に貼るという凝りようだ。見学日があるので中も見ておきたい。

→ 村野満載のガラスブロックの箱

堺筋沿いの**フジカワ画廊**は、大阪を代表する世界的建築家村野藤吾の作品で、ガラスブロックの箱として構想されている。当時は相当斬新なアイデアだったはずだ。両サイドに小さなバルコニーを作るのは村野の定番で、バルコニーには金属製のレリーフが手すりがわりになっている。村野は細部がおもしろい。正面ガラスドアの叩き目のついた金属製取っ手も見逃すな。

フジカワ画廊　［8］
1953年　村野藤吾、
村野・森建築事務所
大阪市中央区瓦町
1-7-3

→ 住友流大阪ロマネスク住宅建築

報国積善会(ほうこくせきぜんかい)は、元岸本邸で現在は岸本奨学金などを運営する財団の事務所として使われている。スパニッシュ風にも見えるが、住友流の大阪ロマネスクの作例としたほうが良いだろう。玄関まわりの控えめな装飾の入れ方など手慣れたデザインだ。おもしろいのは、石貼りに見えて、ほとんどが吹きつけ仕上げで目地を描いたところだが、元からこうだったのかどうかはわからない。

報国積善会（旧岸本吉衛門家住宅）
1931年　笹川慎一
大阪市中央区瓦町1-2-1

→ こんなところに早稲田の塔？

堺筋本町交差点北西角の**ワセダヤビル**は、元はシャツメーカー早稲田屋の本社ビルで、今はカフェになっている。社名通り早稲田大学の塔を模している。

ワセダヤビル　　　［19］
（旧早稲田屋ビル）
1935年頃　設計者不詳
大阪市中央区本町
2-1-2

→ 曾禰中條のモダンビル

当ルート最後、明治屋ビルの戦前の写真を見ると、最上階の窓下に飾りのラインが入っているなどもう少し装飾があったが、こうした装飾は戦災復旧の過程で失われたのかも知れない。それでも、塔屋部分や南東角の玄関の真ちゅう製の取っ手のついた木製ドアが古いままなのはうれしい。設計は様式建築の名手である曾禰中條建築事務所だ。

明治屋ビル
1924年
曾禰中條建築事務所
大阪市中央区南本町
2-2-2

大阪がヴェネツィアだった時代の残り香

心斎橋・なんばルート

道頓堀の劇場建築は次々と姿を消し、今では松竹座が残るばかりだ。それでも町の構造は昔のままで、道頓堀と道頓堀通りとの間の狭い敷地は芝居茶屋のあったなごりだ。それは、ここがヴェネツィアのような川に面した劇場街であったことを教えてくれる。

→ ダイナミックな吊り橋型アーケード

　心斎橋筋商店街のアーケードは吊り橋構造だ。とても珍しい。心斎橋筋と直行する通りとの交差点に４本の柱を立て、その上に２本柱の塔を据えて、そこからワイヤーを張ってアーケードを吊っている。通常は商店街沿いに柱を立て並べてアーケードを支えるが、店前に柱が立たないよう調整するのがたいへんだ。複数の店舗をひとつのビルに建て変える際にも柱が邪魔になる。しかし吊り橋構造ならば柱は極端に少なくなり見通しもすっきりする。まるでミラノのパッサージュ（ガラス

心斎橋筋商店街アーケード　　　　　　[24]
建築年・設計者不詳
大阪市中央区心斎橋筋

浪花組本社ビル [8]
1964年　村野藤吾
大阪市中央区東心斎橋2-3-27

日本基督教団 島之内教会
1929年　中村 鎮
大阪市中央区東心斎橋1-6-7

旧住友邸撞球室（旧住友銅吹所および住友邸）
1892年以前　八木甚兵衛
大阪市中央区島之内1-6

屋根のアーケード）のようだ。

→ 村野の宇宙コロニー

　東に向かい、八幡筋に面した浪花組は、1922年、堺で創業した左官工事を専門とする企業。当時村野のパトロンのひとりだったそうだ。凹凸の激しい興味深い建物だ。平瓦を貼ったバルコニーが突き出していて、その上に出窓風の窓が付いている。窓と窓のあいだの立体的な飾りは銅の板金で、社寺建築の飾り金物に似ている。この部分がパラボラアンテナのように見えておもしろい。技法や素材は伝統的でありながら全体として宇宙コロニーのような印象を与えている。

→「鎮ブロック」教会

　北へ向かい、周防町を越えると島之内教会がある。中村鎮の発明した「鎮ブロック」で作られた初期のコンクリートブロック構造の作品だ。彼はこの工法を応用して各地に教会堂を設計している。もっとも大きな特徴は通りに向けて大型の回廊を作っていることだ。この回廊のおかげで、町と教会とがスムーズにつながっている。工法だけではなく、そうした計画上の工夫も評価したい。

→ 住友の擬洋風ビリヤード室

　堺筋を渡り、東横堀の手前の旧住友邸撞球室は、よく残ったものだ。ここが住友家の拠点だった場所だ。江戸時代、銅の製錬所としては日本最大で、全国の生産量の1/3を占めたという。大阪に造幣局があるのは、ここに住友家があったからではないかと思う。明治になって精錬所は廃され庭園となり、ビリヤード室はその付属屋として作られている。擬洋風的なデザインだが、表側は完全に和風の土蔵造りになっているところがおもしろ

い。これ見よがしなことを避けたのだろう。

→ 昭和から現在への架け橋

　東横堀に架かる九之助橋、これは都市計画橋梁のひとつである。江戸時代、橋の東側は瓦師の工房で西側には住友家の本宅と銅の精錬工場があった。両岸とも火を扱う工業地帯だったわけだ。その真ん中をこの運河が通っている。どちらも重量物を扱うのだから積み降ろしの船でさぞ混雑したことだろう。橋の上に立っているとそんな風景が見えた。

九之助橋
1926年　大阪鉄工所
大阪市中央区島之内1

→ 控えめなデザインの本社ビル

　三津寺筋で堺筋に戻る手前の久野産業大阪本社ビルは、金属系商社の本社ビルだ。控えめなデザインなのは社風を表しているのだろうか。不思議なのは入り口が3つあること。右側のは大きめだから商品の搬出入口なのだろう。角は建物の正面なのでやはり事務所の玄関だと思う。左端は通用口ではないか。玄関はお客さんだけしか使えず、社員や関係業者の出入りは通用口を使うのかも知れない。

久野産業 大阪本社ビル　　　　　　　[21]
1930年　設計者不詳
大阪市中央区島之内2-10-27

→ 黒川の伝統継承

　千日前通りに面した国立文楽劇場は、前身である朝日座の面影をベースにしている。おもしろいのは黒いタイルと白い目地の取り合わせだ。これも朝日座のイメージを踏襲している。吉田五十八の設計した朝日座は、黒地に白い斜め格子のラインが入ったなまこ壁風のデザインだった。黒川は大きく湾曲させたファサードの表面に、かつての朝日座のイメージを貼り付けたわけだ。わたしはよく考えられた建築だと思う。

→ グレートサバイバー教会

　日本一の交差点から少し南の大阪日本橋キ

国立文楽劇場　　　　　　　　　　　[10]
1984年　黒川紀章、黒川紀章建築都市設計事務所
大阪市中央区日本橋1-12-10

大阪日本橋キリスト教会
1925年　設計者不詳
大阪市中央区日本橋1-20-4

高島屋 東別館（旧松坂屋）
1928、1934年　竹中工務店（鈴木禎二）
大阪市浪速区日本橋3-5-25

南海ビルディング（高島屋 大阪店）
1930、32年　久野 節建築事務所
大阪市中央区難波5-1-60

リスト教会で、以前お話をうかがったことがある。大阪大空襲の夜、集まってきた信者さんたちが防火戸を次々と閉めてまわり、そのおかげで内部に火が回らずにすんだという。危機を乗り越えた建物のことをグレートサバイバーと呼ぶが、この教会堂はまさにそれだ。現在はきれいに改修され、登録文化財となっている。大切にされている建物を見るのは気持ちがいいものだ。

→ 上質で濃厚な名古屋アールデコ

　日本橋3丁目角の高島屋東別館は、名古屋の建築家鈴木禎二の作品である。ここはもともと、名古屋に本店のある松坂屋の大阪支店だったのだ。ファサード全面を覆ったテラコッタ飾りや1階回廊のショーウインドウなど、これだけのものが竣工時のまま残っているのは珍しい。玄関欄間の草花模様など、上質なアールデコの世界がここにある。ここでは3階の高島屋史料館も見学しておきたい。そのときエレベータホールまわりの濃厚なアールデコを見ることになろう。

→ 今なお「なんばの顔」

　御堂筋突きあたりの高島屋大阪店は、大阪の建築家久野節の作品である。よく見れば、先の東別館よりあっさりしているのがわかる。コリント式の列柱とその上のフルーツバスケットや壺などは派手だが、それ以外は案外淡白だ。正面玄関上の羽の生えた車輪は南海電鉄のマークだそうだ。南海電鉄は高野山への路線もあるので仏教の法輪を模しているのかも知れない。

→ 村野が手がけた？お笑いの聖地

　村野が亡くなったのが1984年だから、彼自身がこの吉本会館にどこまで関わっていたの

かわからない。でも、2階の大窓の両脇に小さなテラスがあること、その手すりが独特のデザインであることなど、随所に村野カラーが出ている。タイルの斜め貼りを右上がりと右下がりとを交互に繰り返すので、じっと見ていると壁が膨らんでいるように見える。斜め貼りを45度から少し傾けることでこの効果を出している。前代未聞の錯視貼りである。

→ 巨大なモザイクタイル壁画ビル

　道頓堀川沿いの**コムラード・ドウトンビル**は、道頓堀筋側の外壁を大きなタイル壁画で飾っている。村野藤吾（むらのとうご）は、名古屋の丸栄百貨店（1953年竣工、2018年解体）で大きなタイル壁画を作ったが、ここはそれよりも大きい。タイル壁画やタイルの飾り貼りは村野作品の見どころのひとつだ。さて、これが何を表しているのか謎である。かつて町歩きの仲間が、三角形と円の模様映写機ではないかと言っていた。道頓堀筋は映画館街でもあったから、さもありなんである。

→ 「道頓堀の顔」だった

　ルート最後の**大阪松竹座**は、もう外壁しか残っていないが、案外単純なのがわかる。木村得三郎（きむらとくさぶろう）にせよ久野節にせよ、鈴木禎二のような濃厚なデザインは好まなかったようだ。ここの劇場は客席が横に長く舞台が見えにくかった。3階席も高すぎてやはり舞台がよく見えなかった。ここは西洋風の劇場としてではなく、芝居小屋の桟敷（さじき）として設計されていたのだ。江戸時代のここは道頓堀に面した劇場街で、観客も役者も船でやってくる。サーカス小屋のようなむしろ張りの仮設テントの並んだワンダーランドだったのだ。だからこそ、この大きなアーチは道頓堀を向いている。

吉本会館　　　　　　　　　　　　[23]
1987年　村野・森建築事務所
大阪市中央区難波千日前11-6

コムラード・ドウトンビル　　　　[8]
1955年　村野藤吾
大阪市中央区道頓堀1-6-15

大阪松竹座
1923年　大林組（木村得三郎）
大阪市中央区道頓堀1-9

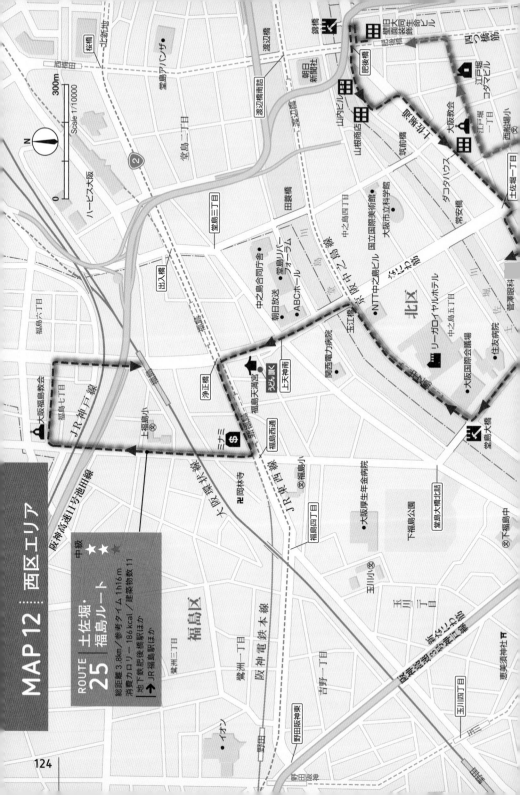

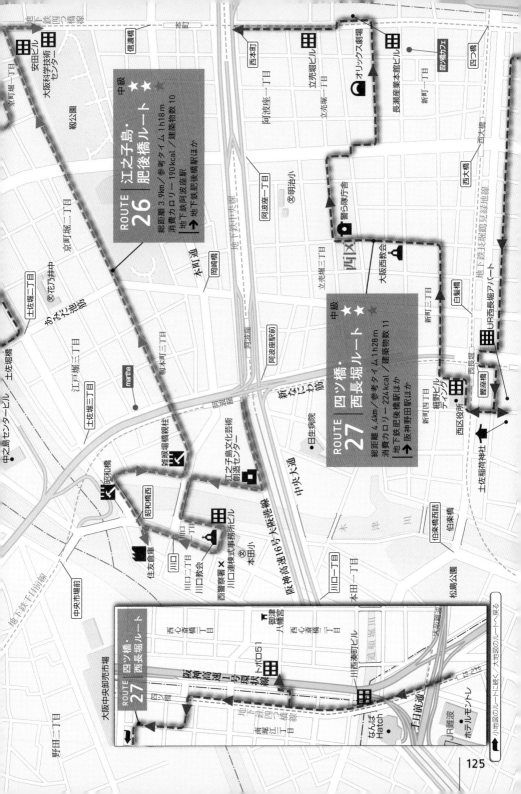

ROUTE
26 江之子島・肥後橋ルート 中級 ★★

総距離 3.9km／参考タイム 1h18m
消費カロリー 190kcal／建築物数 10
→ 地下鉄肥後橋駅ほか

ROUTE
27 四ツ橋・西長堀ルート 中級 ★★

総距離 4.4km／参考タイム 1h28m
消費カロリー 224kcal／建築物数 11
→ 地下鉄肥後橋駅ほか／阪神野田駅ほか

ROUTE
27 四ツ橋・西長堀ルート

小地図のルートに続く／大地図のルートへ戻る

土佐堀・福島ルート

堂島大橋は大阪の都市門ではないか

武田五一は、橋上からの眺めこそ都市美の楽しみだとして、極力アーチを路面下に隠そうとしたので、大阪にはアーチを路面上に出した下路アーチは少ない。逆に、アーチが見える都市計画橋梁は、大阪の都市門だったのではないかと考えている。堂島大橋と桜宮橋が大川の両端にあり、昭和橋と大浪橋が木津川の両端にある。それは偶然にしてはよくできていると思わないか。

旧大同生命ビル壁面装飾　　　　[19]
1925年　ヴォーリズ建築事務所
大阪市西区江戸堀1-2-1

→ 部分保存の意味

肥後橋の大同生命本社ビル横に残された壁面装飾を見れば、いかに元のビルが清廉な印象を与えてくれたかを実感できる。一部でもオリジナルを残してくれると、そこから追憶を新たにすることもできるし、新しい事実がわかることもあろう。これは平たい部分も含めて全てビルに合わせた特注のテラコッタだ。大同生命は大阪の豪商・加島屋の開いたもので、当時のオーナー広岡恵三はヴォーリズと義兄弟の関係にあった。

→ 昭和初期の面影を伝える

土佐堀川に架かる錦橋は、川岸から階段を上って渡る。路面が高いのは、路面と水面との間に今は使っていないらしい可動堰を仕込んでいるからだ。階段両側の橋灯がよくできている。ランタンの支柱と壁との間をアールデコ風の飾り枠がつなぐ。壁には四角い窓が開き、そこにフラワーポットを仕込んでいる。階段が緩やかなのは、座ることを意識しているせいだろう。橋詰めは夕涼みにふさわしい小広場となっている。

→ こだわりの素材選択が光る逸品

肥後橋南詰、土佐堀川沿いの山内ビルは、小さいながらも正統なクラシックビルだ。アーチ玄関上の半円形バルコニーは、北船場ルートの青山ビルと同じだ。手慣れた印象があるけれど設計者不詳らしい。外装材はスクラッチタイルではなくワイヤーで切り取った粗面タイルで、こだわりの素材選択を思わせる。おもしろいのはアーチまわりが石造ではなくモルタル成形品だということで、これは近くで見ないとわからないほどよくできている。川側の立面も必見である。

→ パラペットまわりの不思議装飾

山内ビルの並びの山根商店は、窓まわりが変わっているが、丁寧な改修のため印象は損なわれていない。軒ジャバラなど板金による復元が上手く、大阪にもまだこうした板金職人さんがいらっしゃるのが心強い。パラペットまわりの不思議装飾は、これがジャズ建築の流れであることを示している。

→ お洒落なモダンデザインビル

土佐堀通りを少し西に向かったダコタハウスは、玄関まわりの二重庇がおもしろい。北

錦橋
1931年　大阪市土木部、伊藤正文
大阪市北区中之島2-2

山内ビル（旧山内法律特許事務所）
1933年　設計者不詳
大阪市西区土佐堀1-1-4

山根商店
昭和初期　設計者不詳
大阪市西区土佐堀1-1-19

ダコタハウス
大正末〜昭和初期　設計者不詳
大阪市西区江戸堀1-23-30

菅澤眼科クリニック（旧菅澤眼科医院）
1929年　清水組
大阪市西区土佐堀2-3-5

堂島大橋
1927年　堀 威夫（大阪市土木部）、武田五一
（意匠設計）
大阪市福島区福島3/北区中之島5

船場ルートの小川香料で見たような、ファサードを水平分割するモダンデザインの手法だ。コーナーを丸い曲面タイルで納めるのは山内ビルと同じだ。今は1階にカフェが入っている。ちなみにダコタハウスとは、ジョン・レノンが住んでいた建物の名だ。

→ 見所満載のデザイン・技術

なにわ筋を渡って1本目を右に向かった菅澤眼科クリニック、これがけっこうおもしろい。もっとも不思議なのは角地でもないのにコーナーに入り口があることで、それが何の違和感もなく納まっている。そのコーナー部のデザインがすごい。曲面であるにも関わらずアーチを設けているので、平面も立面もカーブを描いている。つまり、3次元アーチになっているわけだ。それをなんなく納めているのがすごい。玄関柱の柱頭部や軒下の不思議装飾も、装飾分解の良い例でおもしろい。玄関両サイドと欄間のステンドグラスは、色のついた型ガラスをはめ込んだ美しいもので、これも見逃せない。

→ シルエットの美しいアーチ橋

中之島から福島へ渡る堂島大橋は、離れて見るとアーチのシルエットの美しさがよくわかる。武田五一は構造体の美しさこそ新しい都市美だとして、比例を応用した構造美を推奨した。堂島大橋（1927年）、桜宮橋（1930年）、昭和橋（1932年）は、その実証橋梁だったろうと思う。

→ 日本の伝統美を取り入れた高級ホテル

リーガロイヤルホテルはホテルの傑作の名が高い。設計した吉田五十八は数寄屋建築に取り組んだ建築家のひとりである。数寄屋建築とは茶室建築のような屋内にいながら屋外

の自然を感じさせる伝統的な建築をいう。吉田は明治以降の近代化のなかで忘れられがちだった数寄屋建築を積極的にとらえ直した建築家だ。天井の高いメインラウンジには滝のある和風庭園がしつらえられ、深い山のなかにたたずむようだ。吉田作品のスケールの大きさを感じさせてくれる作品であろう。

→ 再建された「福島、上の天神」

なにわ筋沿いの福島天満宮は、明治42年の北区の大火に罹災した。被災後わずか6年での再建を果たしたのは、この天満宮が復興の心の支えとなっていたことを示すのだろう。おおらかな唐破風が参拝者を迎え入れる。唐破風とは、銭湯で見るような丸い屋根庇のことで、神仏の通り道を示すことが多い。唐破風を飾る松や菊の彫り物が見事である。

→ 新古典主義銀行建築の本格派

国道2号線沿いのミナミは敷地を活かして、ファサードを曲面にしているのがすごい。イオニア式のジャイアントオーダーを配し、軒廻りや玄関廻りの装飾に余念がないが、ゴテゴテしないのは設計者が上手く全体をコントロールしているからだ。ただものではない。

→ ヴォーリズのホワイトチャペル

あみだ池筋を北へ向かい、阪神高速とJR神戸線をくぐると大阪福島教会はある。これほどの建築をよく残してくださったものだ。興味深いのは3階窓の間の小さなくぼみだ。彫像を置くか照明器具をはめ込むようなくぼみだが、それと両脇の窓の上側とで十字架が見えるのは偶然だろうか。この十字架を中心として、さまざまなモチーフをキュッとまとめる手腕はさすがヴォーリズ先生である。

リーガロイヤルホテル（大阪）　　　［16］
ウエストウイング：1965年　タワーウイング：
1973年　吉田五十八研究室、竹中工務店
大阪市北区中之島5-3-6

福島天満宮　　　　　　　　　　［21］
本殿：1915年　拝殿：1921年　設計者不詳
大阪市福島区福島2-8-1

ミナミ（旧川崎貯蓄銀行 大阪西支店）
1934年　矢部又吉
大阪市福島区福島5-17-7

日本基督教会　　　［23］
大阪福島教会
1926年
ヴォーリズ建築事務所
大阪市福島区福島7-19-6

江之子島・肥後橋ルート

ヴォーリズゆかりの
レンガ建築を楽しもう

ヴォーリズは滋賀県の近江八幡を拠点としたが、そこにはレンガ工場があり、休日になると弟子たちとリヤカーを引いてレンガの不良品をもらいに行ったそうだ。そうした爆裂レンガは彼の住宅作品の門柱などで見ることができる。この世には不要なものはひとつもないとする彼のクリスチャンらしい考えがうかがえる。

大阪府立江之子島文化芸術創造センター
（旧大阪府立工業会館）
1937年　大阪府営繕課
大阪市西区江之子島2-1-34

→ 大阪アート・デザインの新拠点

　かつて大阪の玄関口だったこの地は、江之子島まちづくり事業コンペで長谷工コーポレーションを中心とする企業チームが選ばれ、周辺地域を含めた開発が行われた。この旧大阪府立工業会館の再生は開発の目玉事業で、2012年にオープンした。外壁タイルはほとんど貼り替えたようだが、元の印象は失われていない。水平性を強調する最上階のバルコニーが東側の袖壁に突きあたって止まるデザインは、ロシア構成主義を思わせる。バ

ルコニーと庇の色を変えたので、楽しげな印象を与えてくれる。

→ 昭和初期の残り香

　川口教会の向かいの川口連棟式事務所ビルは、長屋割りのビルだ。設計者不詳ながら、片岡ばりの装飾分解の進んだモダン建築である。かつては川の向かいが府庁だったから、行政司書関係の事務所などが入っていたのだろうか。海野弘の「モダンシティふたたび」によれば、大阪で最初のカフェがこのあたりにあったらしい。芸術家の集まるカフェだったという。このビルが建つ前の時代の話だが、川面に映るカフェの灯りも興味深い。

→ 復興の勲章、レンガの継ぎ目

　川向こうの川口基督教会は、阪神大震災で被災したが見事に復旧を果たした。信者のみなさんの努力に頭の下がる思いだ。塔を良く見ると上半分は新しく積み直したことがわかるだろう。レンガの継ぎ目は危機をくぐり抜けた証しであり勲章みたいなものだ。同様の継ぎ目は関東大震災を乗り越えた横浜開港記念館の塔にもある。愛されてきた建物を元に戻すことがどれほど被災者を励ますことだろう。

→ 水の玄関にそびえる大倉庫

　安治川と木津川という大阪のふたつの導水路の交差点に、この大倉庫（住友倉庫）を構えたのも偶然ではなかろう。ここから大川をさかのぼると住友銀行大阪本店があり、その先には造幣局がある。中之島は各藩の蔵屋敷が並んだ場所だったが、維新で空いたその場所を業務地帯に変えたのも住友だったのだろうか。住友家が大阪の近代化に果たした役割は、現代の我々が思っている以上に大きいのかも知れない。

川口連棟式事務所ビル
1921年頃　設計者不詳
大阪市西区川口1-4-17-21

日本聖公会　川口基督教会 聖堂
1920年　W.ウィルソン
大阪市西区川口1-3-8

住友倉庫
1928年　住友合資会社
大阪市西区川口2-1-5

昭和橋 [18]
1932年　武田五一（意匠設計）
大阪市西区川口2/江之子島1

雑喉場橋 親柱 [22]
1922年　設計者不詳
大阪市西区江之子島1

安田ビル
1936年　設計者不詳
大阪市西区京町堀1-8-31

→ ダイナミックな鉄骨構造美

　昭和橋は、桜宮橋と同様、鉄骨の構造美を見せるデザインで、ディテールもよく似ている。これが武田五一の考える都市美である。橋が川に対して斜めに架かっているのがおわかりだろうか。そのせいで左右ふたつのアーチの位置がずれており、よりダイナミックな鉄骨美を見せてくれている。

→ 地域の歴史の証人

　本町通りに戻ると、戦後に埋め立てられた百間堀川に架かっていた雑喉場橋の欄干親柱がある。上部のランプは復元である。川も橋もなくなったが、こうして地域史を語る記念碑として活用されている。雑喉場は江戸時代からの魚市場だったそうだ。魚市場は1931年に川向こうの中央卸売り市場へ引っ越し、このあたりは業務地帯へと再開発された。

→ オーナーの見識に敬意

　靭公園の北を東へ向かい、四つ橋筋手前の安田ビルは、古さを上手に活かして大切にお使いになっているのがわかる。上手に改修すればアルミサッシに変わっても違和感はない。こんな風に近代建築の良さを活かすことは、実はけっこう難しいのだ。オーナーの建物に対する見識に敬意を表したい。ファサードを飾る特徴的な円柱にラセン模様が入っていて、ジャズ建築なんだけど大阪ロマネスクのモチーフを借用しているのがおもしろい。

→ 典型的な60年代ビル

　安田ビルのすぐ南の大阪科学技術センターは、60年代のビルの典型と言えるだろう。近代建築は豆腐のようだと揶揄されることもあるが、比率を重んじた幾何学的な美しさが近代建築のよさであろう。東面と西面をタイルの大きな壁として、南面と北面をガラス窓にして風を通す。これが60年代ビルの典型のひとつである。アルミサッシの窓が横長につながっているのも、南面と北面の壁をできるだけ少なくして、全体が大きな窓であることを強調するための工夫である。

→ 圧巻のレンガの大壁面

　土佐堀通りの1本南の江戸堀にある大阪教会は、ヴォーリズ設計の見事なレンガ建築だ。レンガの色や形のムラが多く、それを積み上げることで独特の効果を生み出している。なぜかフランス積みになっているが、そのほうがレンガの大壁面が活きると考えたのだろうか。正面左右の窓のようなレンガの飾り貼りは興味深い。その中央の円形はレンガのバラ窓なのか、それとも大阪の「O」なのか？

→ 楽しげなスパニッシュ風住宅建築

　旧児玉家住宅を設計した岡本工務店は、ヴォーリズとはよく一緒に仕事をしていたらしい。そのためかヴォーリズに似たスパニッシュ風の住宅建築である。今はギャラリーなどの入る楽しいビルで、玄関上部の半円形のバルコニーや手すりのアイアンワークなどが見どころだ。

大阪科学技術センター　　　　　　　　　[6]
1963年　日建設計
大阪市西区靭本町1-8-4

日本基督教団 大阪教会
1922年　ヴォーリズ建築事務所
大阪市西区江戸堀1-23-17

江戸堀コダマビル（旧児玉家住宅）
1935年　岡本工務店（岡本新次郎）
大阪市西区江戸堀1-10-26

四ツ橋・西長堀ルート

運河跡を知れば歴史が見えてくる

このルートは高度成長期に埋め立てられた運河跡を渡ることになる。堀江川、西長堀川、立売堀川など、いずれも地名が残っているので確かめながら歩くと楽しい。今でも堀江に家具商が多いのも、立売堀に鉄工所が多いのもこれらの運河の水運のおかげだ。土佐藩は西長堀に高知産材の販売拠点として蔵屋敷を置いた。西長堀アパート西の土佐稲荷神社はそのなごりである。

川西湊町ビル [24]
建築年・設計者不詳
大阪市西区南堀江
1-4-10

→ 道頓堀端のインターナショナル

当ルート最初の川西湊町ビルは、道頓堀に面したオフィスビルだ。川に面した窓を丸い船窓にしている地階の珈琲艇キャビンという喫茶店が有名だ。もともとビル自体インターナショナルスタイルだから丸窓も良く似合っていて最初からこうだったように見えるが、戦前の写真を見るとここは普通の四角い窓だ。戦前からいろんな看板がかかっていたようで「ビステキスエヒロ」とあるのがおもしろい。このデッキから屋形船が出たそうだ。

→ 奇抜なトポロジカル建築

　高速道路脇のトポロ51は、ポストモダンの傑作のひとつだろう。ポストモダンとは、モダニズムの後（ポスト）という意味である。ポストモダンは、合理主義がないがしろにしてきた感情やシンボル性などを積極的にデザインに取り入れようとした。80年代から90年にかけての短い時期に、奇抜な楽しさに満ちた建築が次々と生まれた。トポロ51には折り紙細工のような軽やかさがある。トポロジーという数学的な処理をほどこしたデザインだそうだ。そのおかげで、魔法にかけられたような不思議な魅力がそなわっている。

トポロ51　　　　　　　　　　　　　[21]
1990年　竹中工務店
大阪市中央区西心斎橋2-18-18

→ 住宅公団の実験的高層住宅

　次の建物までは、長堀通りのひとつ南の通りを西へ向かう。

　大型のニュータウン計画が動き出したころ、日本住宅公団は市街地の大型高層集合住宅にも取り組んでいた。この西長堀アパートはその実験的な最初期の作品だそうだが、デザインとしてはすでに完成されたものがある。特に、北側の縦長窓の並ぶ立面がおもしろい（左ページ写真）。

UR都市機構 西長堀アパート
（旧日本住宅公団 西長堀アパート）
1958年　日本住宅公団
大阪市西区北堀江4

→ 土佐藩と三菱の守護神を祀る

　西長堀アパートの西にある土佐稲荷神社本殿は、屋根正面の三角形の千鳥破風と亀甲型の唐破風の重なりが美しい戦後復興社殿である。1622年に長堀川が開かれた後、土佐藩はここへ藩邸を置き、高知県産木材や鰹節の販売拠点とした。1717年に土佐藩公・山内豊隆が元からあった神社に稲荷神を合祀した。これが土佐稲荷の名前の由来だ。明治維新後に土佐藩の事業を受け継いだ岩崎弥太郎が三菱を開いたのもこの地である。

土佐稲荷神社 本殿　　　　　　　　[24]
建築年・設計者不詳
大阪市西区北堀江4-9-7

細野ビルディング
（旧細野組 本社ビルディング）
1936年　細野組建築部
大阪市西区新町4-5-7

大阪西教会　　　　　　　　　　　　　[21]
第1期：1958年、第2期：1965年　設計者不詳
大阪市西区新町3-1-12

大阪府警第一方面警ら隊庁舎　　　　　[21]
1968年　設計者不詳
大阪市西区立売堀2-5

→ イベントスペースで有名な

　西区役所の並びの細野ビルディングは、外壁のタイル貼りが失われている他はよく原形を留めている。1階庇のコーナーに取り付く照明がおしゃれだ。横堀に面した立地が社業に相応しい、橋梁などを手がける土木系の細野組本社として建てられた。水上から見ると、木造家屋のなかに建つモダン建築はひときわ輝いて見えたことだろう。現在は、アート系のイベントスペースとして有名な近代建築である。

→ ゴシックリヴァイバルの復興教会

　新なにわ筋、あみだ池筋を越えて北にある大阪西教会は、プロテスタント教会では日本最古なのだそうだ。これは空襲で焼けた会堂を戦後復興した。外観が清楚なゴシックリヴァイバルスタイルなのは、焼失前の会堂の面影を映しているからだ。アットホームな住宅風の雰囲気も以前のものとよく似ている。色ガラスの使い方も戦前の教会風だ。戦前の姿を思わせる復興教会からは、建物は失っても信仰は失われず、歴史は連続しているのだという決然とした意思を感じる。

→ 野心的構造の警察建築

　大阪西教会から少し北にある警ら隊庁舎は、耐震補強で相当形が変っている。最上階を支える東西両端の斜めの袖壁は、元はない。屋上から突き出ているペントハウスの内、西側はもう少し高くて頂部が片流れ屋根になっていた。それでも大胆な構造を見せるおもしろさは失われていない。1970年の大阪万博の頃は、こうした野心的な構造の建築がさかんに試みられた。新しい構造が新しい表現を獲得すると考えられたからだ。

→ 大阪有数の会館建築

　なにわ筋と四つ橋筋の間のオリックス劇場は、ホールのほかにパーティ会場や教室などを有する多目的ホールとして親しまれてきた。外壁の大型タイルが美しい。型枠に貼り付けておいて、後からコンクリートを流し込んで固める工法をとっている。2012年春にリニューアルオープンした。

オリックス劇場（旧大阪厚生年金会館）　[5]
1968年　久米建築事務所
大阪市西区新町1-14-15

→ クラシック系大阪ロマネスク

　四つ橋筋に出て少し北にある長瀬産業ビル本館は、関西のモダン建築を語るとき忘れてはならない設楽貞雄の作品である。設楽は初代通天閣の設計者として有名で、世代的には武田や片岡の少し上に当たる。

　長瀬産業はもともと紅花などを扱う染料問屋だったが、現在ではさまざまな化学製品を扱う商社になっている。建物はクラシック系の大阪ロマネスクで、バルコニーまわりのみごとな彫刻は見逃せない。南隣りの新館が本館に上手く合わせたデザインになっていることでも有名だ。

長瀬産業 本館ビル　　　　　　　　[4]
1928年　設楽貞雄
大阪市西区新町1-1-17

→ ジャズ系モダン建築の香り

　ルート最後の立売堀ビルは、建築当初と少し変わっているように思うが、どこが変わったのかわからない。もう少し装飾が付いていたのではないか。高すぎてよく見えないが、柱の頂部に不思議な飾りがある。これが唯一の手がかりだ。わたしにはイオニア式柱頭を装飾分解したものに見える。この建物も片岡らと同じジャズ系のモダン建築だというわけだろう。

立売堀ビル
1927年　鴻池組
大阪市西区立売堀1-5-2

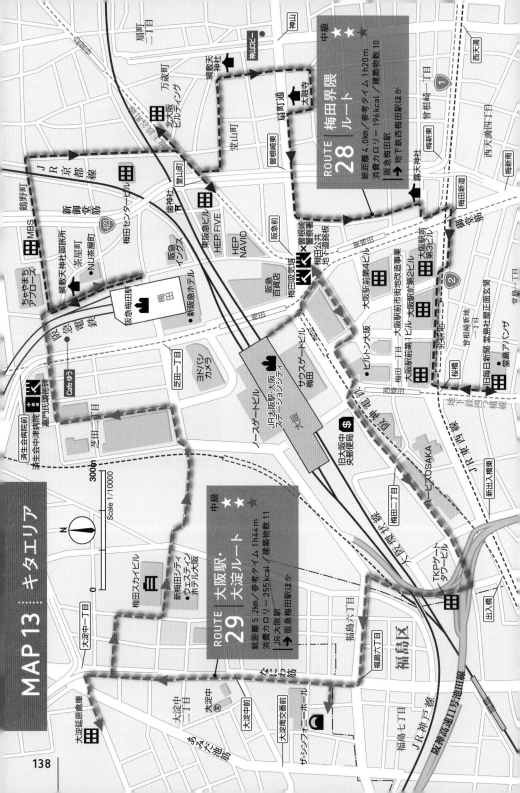

MAP13 キタエリア

ROUTE 28 | 梅田界隈ルート
中級 ★★

総距離 4.0km／参考タイム 1h20m
消費カロリー 196kcal／建築物数 10
→ 地下鉄西梅田駅
阪急梅田駅ほか

ROUTE 29 | 大阪駅・大淀ルート
中級 ★★

総距離 5.2km／参考タイム 1h44m
消費カロリー 255kcal／建築物数 11
→ JR大阪駅
阪急梅田駅ほか

Scale 1/10000
300m
0

ROUTE 28

梅田界隈ルート
再開発ビルもけっこうおもしろいと気づいた

　大阪駅前の再開発は４つのビルを生み出したが、それぞれ少しづつデザインを変えながら、その実、どれがどれだかわかりにくい。地下街を歩くとなおさらで、暖簾のかかった立ち飲み屋が通路に並ぶ風景は梅田独特のものだ。闇市をなくそうとして、期せずしてアジア的風景を生み出してしまったところがおもしろい。

→ 考え抜かれた開発計画

　阪急梅田駅は、タコが自分の足を食べるように駅を後ろに下げて商業スペースを増やした。そのおかげで線路がＪＲの下をくぐる必要がなくなり、駅の高架化も実現した。大規模な駐車場と搬入口を確保した商業スペースなど、新しい町がひとつ生まれた開発だった。大階段のコンコースから旧コンコースへの大回廊をその町のメインストリートに据えたあたり、計画上の手腕ももっと評価されるべきだろう。

阪急梅田駅　　　　　　　　　　　　　　[5]
1973年　竹中工務店、阪急電鉄
大阪市北区芝田１-１-２

MBS（毎日放送本社） [16]
1990年　日建設計
大阪市北区茶屋町17-1

梅田センタービル [23]
1987年　竹中工務店
大阪市北区中崎西2-4-12

北大阪ビルディング [21]
1961年　設計者不詳
大阪市北区万歳町3-20

→ 茶屋町のシンボルビル

　阪急梅田駅北東の**毎日放送本社**は、前面にミラーガラスを張って忍者のように景色に溶け込んでいる。これは日光を反射させてビルの中へ熱が入るのを低減させるためのガラスだ。大型建築の圧迫感を減らす効果があることから、環境配慮型として一時注目を集めたが、反射光の光害により今はあまり使われない。このビルは先端がMBSのM字をかたどって傾斜している。それと上階のパラボラアンテナ用のへこみとが上手く響き合って、彫刻的な美しさを得ている。

→ 建築と造園の見事な連携

　梅田センタービルは、建物の中央にエレベータや設備をまとめ、そのまわりを業務空間とするセンターコア式の業務ビルだ。建物も細部にわたり濃密にデザインされているが、計画的には前面のサンクンガーデン（地下広場）が秀逸だ。広場まわりを回廊風にして店舗と小ホールを配置し、その上から桜が枝を下げるあたり、造園と建築のこの上ない連係プレーを見せてくれる。その広場に架かった細い橋がおもしろさの決め手になっている。

→ 職人技が光る丸コーナー

　都島通り沿いの**北大阪ビルディング**は、60年代ビルの傑作のひとつと考えてよいだろう。尖った敷地に合わせて角を丸くしているところがかっこいい。60年代は難しい丸コーナーをやすやすと仕上げる職人技の生きていた時代でもある。上部の光沢があるグレーのタイル、下部の緑がかったタイルもきれいだ。使っているタイルの質がよいのも60年代ビルの特徴だ。最上階を奥へ引っ込めて、屋上テラスを設けているのもよい。

→ 惚れ惚れする角アール

　堂山町交差点の**東阪急ビル**。変形敷地に丸みを帯びた外壁で対応するという考えは上手いと思う。外装が変わっているように見えるがシルエットは昔のままで、ちゃんと角のガラスも丸くしているあたり芸が細かい。1階部分に茶色い釉薬タイルが残っていて、何気ないけどきれいだなといつも見とれてしまう。実は60年代くらいまでのタイルには1枚1枚手づくり感のある良いものがあるのだ。

→ キタエリアを守る天神さま

　堂山町交差点から東に向かった**綱敷天神社**は、嵯峨天皇と菅原道真を祀る。権現造りは拝殿、幣殿、本殿の3つの部分に分かれる。通常真ん中の幣殿は一段低いが、ここでは拝殿と本殿の床高さの中間なのが特徴だとされる。正面を唐破風にするのは京都の北野天満宮や大宰府天満宮と同じだ。唐破風は神様の通り道を示すとわたしは考えているが、この場合は天神さまの土人形にも似ていると思う。左右の石灯籠は珍しい形だ。どっしりとしていて大きな唐破風によく似合っている。

　綱敷天神社は嵯峨天皇の行宮跡とされる。嵯峨帝崩御の後、行宮跡を神社にしたのは嵯峨帝の皇子のひとり源融だった。

→ 華麗な戦災復興本堂

　源融は嵯峨帝の勅願をうけてこの地に寺を建てた。開基は弘法大師だ。創建の翌年、嵯峨帝はここへ行幸している。

　鉄筋コンクリートで復興された**太融寺本堂**は背が高く軒の出の大きい華麗な姿をしている。興味深いのは本堂東側に復興された朱い宝塔で、手前の客殿と背後のビルとに挟まれて、どこか遠い山の中の風景にも見える。

東阪急ビル [6]
1966年　竹中工務店
大阪市北区角田町1-1

綱敷天神社 本殿 [21]
1956年　設計者不詳
大阪市北区神山町9-11

太融寺 本堂 [21]
1960年　設計者不詳
大阪市北区太融寺町3-7

露天神社〔お初天神〕　　　　　　　[21]
1957年　設計者不詳
大阪市北区曽根崎2-5-4

大阪駅前市街地改造事業　　　　　　[5]
（大阪駅前第1,2,3,4ビル）
1973年　大阪市都市整備局、東畑建築事務
所、安井建築設計事務所、大建設計
大阪市北区梅田1丁目

旧毎日新聞大阪本社 堂島社屋正面玄関　[4]
1922年　片岡建築事務所
大阪市北区堂島1-6

→「曽根崎心中」ゆかりのお初天神

　次の露天神社は、近松の戯曲「曽根崎心中」ゆかりの神社だ。ヒロインの名前をとって「お初天神」と大阪人は呼ぶが、都市化しても伝説が残る町はおもしろい。天神があるということは湧水地であるということで、地下鉄工事や駅前再開発が湧水に苦しめられたことを思い出す。社殿は戦災復興のコンクリート製だ。屋根まわりや正面の装飾が、他ではあまり見ないような独特のもので、流麗な美しさを見せてくれる。

→ 戦後が息づく不思議世界

　JR大阪駅南側のこのあたりは闇市が長く残っていたが、大阪駅前市街地改造事業が民間エリアも含めて完了したのは1990年代ではないか。本当は1970年の大阪万博に間に合わせるつもりだったのだろうけどね。公共エリアは第1から第4までの4つのビルになったが、元あった商店が入居したから、地下に居酒屋の並ぶ不思議な世界が生まれた。カメラ屋が多いのも元にそうした一角があったからだ。建物は新陳代謝しても、中身は転写されたように残っているのがおもしろい。

→ 片岡の存在証明

　旧毎日新聞大阪本社堂島社屋正面玄関がある場所には、1922年竣工の5階建てのビルが建っていた。裏に説明板があるので確かめておきたい。残存部を見ても装飾分解が進んでいるので、片岡らしいジャズ系建築だったと思うのだがよくわからない。

　このあたりは堂島という地名だが、その昔海の上からでも見えたお堂があったからこの名がある。後ろの堂島アバンザの東側にそのお堂が残っている。サッカーボールのような形に変えられているが。

大阪駅・大淀ルート

梅田は綱敷天神の神紋にちなんだ地名だった

前回の改訂でもこのルートがもっとも差し替えが多かったが、今回も３つも解体もしくは解体予定となった。60年代の良質な事務所ビルが評価される前に失われていく。このルートでも60年代ビルはもう数えるほどしか残っていない。高度成長期は建設現場で職人技が生きていた時代である。タイルやテラゾー（人造石研ぎ出し仕上げ）など見どころは多い。今のうちに埋もれた名作を探し出しておきたい。

→ 圧巻の大迷路空間

大阪ステーションシティだが、なぜ大空間の真ん中にデッキを置いたのだろう。吹き抜け効果が半減するではないか。わたしならデッキを片方へ寄せるが。そうした建築的に納得できないところはあるが、原さんの梅田スカイビルやJR京都駅（京都駅・本願寺ルート）をよく研究していて、同じような迷路空間を実現している。上がったり下がったりしていると楽しいので、つい時間を忘れてしまう。

JR大阪駅・大阪ステーションシティ　[23]
2011年　西日本旅客鉄道、ジェイアール西日本コンサルタンツ、安井建築設計事務所
大阪市北区梅田3-1-1

梅田吸気塔　　　　　　　　　　　　　　[8]
1963年　村野藤吾、村野・森建築事務所
大阪市北区曽根崎2

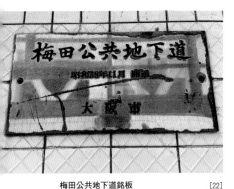

梅田公共地下道銘板　　　　　　　　　　[22]
1963年　設計者不詳
大阪市北区曾根崎2-16

旧大阪中央郵便局（KITTE 大阪に一部保存）
1939年　逓信省（吉田鉄郎）　　　　　[5]
大阪市北区梅田3-2-2

→ 村野の傑作オブジェ

　梅田吸気塔の場所は、かつて市電の停車場があったらしい。それをはさんで阪急のコンコースがあったから梅田の中心のひとつだったわけで、ここが御堂筋の北の終点なのだ。これが1963年だとすれば市電の廃止と地下鉄の延伸が進んだ時代だから、それとの関連で整備が進んだのだろう。設計を村野に頼んだのは良い判断だった。近寄れないのが残念だが、遠目に見てもおもしろいオブジェだ。

→ 大阪地下街の起点

　梅田公共地下道銘板は、吸気塔のすぐ東、地下から曽根崎警察側へ上がる階段に残っている。真鍮メッキの古びた感じがよい。壁タイルを貼り変えたときに、取り外して再設置したようだ。阪神デパート側にもあったのだが見つからない。複雑に入り組んだ梅田地下街だが、それは1933年の御堂筋線南改札前の地下広場から始まった。1965年西梅田駅開業、1967年東梅田駅開業を契機に次第に地下街は広がっていく。この銘板は、地下街の起源を示す大切な証拠である。

→ 新たなランドマークの一部に

　JR大阪駅すぐ南の旧大阪中央郵便局は2012年に解体されたが、東側玄関部分をKITTE大阪（2024年開業）の内部に保存した。吉田鉄郎は逓信省所属の建築家で、電話局や郵便局の設計で名をはせた。当時電話局交換手は女性のあこがれの職業で、建物も最先端デザインを取り入れた。このころの流行は、モダニズムである。建設当時、空襲に備えてタイル色を白からグレーへ変更したという。グレーのタイルもなかなかよい。

→ 高速道路が貫通する近未来ビル

TKPゲートタワービルは、建物の内部を高速道路が通過するという珍しいビルだ。土地を譲れない地権者と話し合ってこうした形になったという。構造的にはビルと道路は別々になっている。揺れかたの違うものがつながっていると接続部で壊れやすいので別々にしたのだ。円筒形のビルにカーブした高架が入り込む形が、躍動的があっておもしろい。

TKP ゲートタワービル   [16]
1992年　梓設計　山本・西原建築設計事務所
大阪市福島区福島 5-4 21

→ 日本初の民間クラシックホール

なにわ筋を渡ってすぐのザ・シンフォニーホールは、朝日放送が創立30周年記念事業として建設した。民間のクラシック専用ホールとしては日本で初めてだった。かつて朝日放送はこの北側にあった。ホール前の公園がちょうどよいアプローチとなっている。木立越しに見える白亜のホールは優しい表情だ。それは白い色と湾曲した形が大型建築の圧迫感を上手く消しているからだ。玄関が回廊風になっていることや、階段上のエントランスホールが遠くからもよく見えるところもいい。

ザ・シンフォニーホール   [10]
1982年　大成建設大阪支店
大阪市北区大淀町 3-3

→ 梅田のはずれに残るレンガ造倉庫

なにわ筋を北へ向かった淀川の手前に大きなレンガ倉庫である大淀延原倉庫が残っている。上からモルタルを塗られているので、正直いってどれがレンガ造でどれが木造なのか見分けがつかないが、そんなわかりづらいところも魅力だ。レンガ倉庫の妻側に丸窓のような飾りがあるのが楽しい。

大淀延原倉庫 煉瓦倉庫、門柱
明治期　設計者不詳
大阪市北区大淀北 1-6

→ かげろうのような天空の城

建築でもっとも大切なのはスケール感だと思うが、この梅田スカイビルほど逆にスケール感を消失させた建築も珍しい。一面のガラス張りで近くのビルが写り込むことで遠近感

梅田スカイビル [10]
1993年　原 広司、アトリエファイ建築研究所、
木村俊彦構造設計事務所、竹中工務店
大阪市北区大淀中1-1-20

大阪府済生会中津病院（復元） [23]
2002年　日建設計
（復元前は、1935年　中村與資平）

嘉門氏頌徳碑 [22]
1953年　設計者不詳
大阪市北区芝田2-10-39

綱敷天神社御旅所 [22]
1984年　岡本建築設計室
大阪市北区茶屋町12-5

がなくなり、そこへ絵に描いたような窓を
作ってスケール感を消す。そうすることでか
げろうのような天空の城を実現させた。ツイン
タワーにして上部に円環を載せ、その円の中
へ空中エスカレーターを渡すというアイデアも
普通は思いつかない。

→ 失われた中村作品

　グランフロント横を北へ向かった済生会中
津病院は、オリジナルではなく復元だ。中村
は静岡県庁や静岡市役所を設計した名建築家
だ。八角塔のあたりがスパニッシュスタイル
に見え、形は違うがヴォーリズ設計の関西学
院旧図書館に似ている。どちらも明るく南国
的な開放感が特徴だ。中津病院は前庭が良
かった。アプローチが良ければ建築は10倍
よく見える。

　明治42年、キタの大火で焼けた中津病院
の復興費用を寄付したのがメリヤス商嘉門長
藏氏だった。病院は中崎町からこの地へ場所
を移して1935年に竣工し、そのとき夫妻の
銅像が立てられた。戦時金属供出で銅像が失
われ、残った台座を花輪台に見立てて現在の
嘉門氏頌徳碑が立てられた。左右の花輪が
ふっくらとして美しい。花輪掛けは見事な人
造大理石の研ぎ出し仕上げだ。

→ ビルと社殿と石鳥居のコラボ

　阪急の高架東側にある綱敷天神社御旅所
は、横のビルと一体的に設計されている。唐
破風の反りが薄いため屋根が伸びやかで美し
い社殿だ。現代的なビルと古式をよく写した
社殿と古い石鳥居とがよくまとまって風景を
作っているところがすごい。北側の稲荷堂の
赤や、ご神燈の列もにぎわいを作り出してい
る。社殿を2階へ上げたことで、石段を上る
だけで茶屋町の喧騒から逃れることができる。

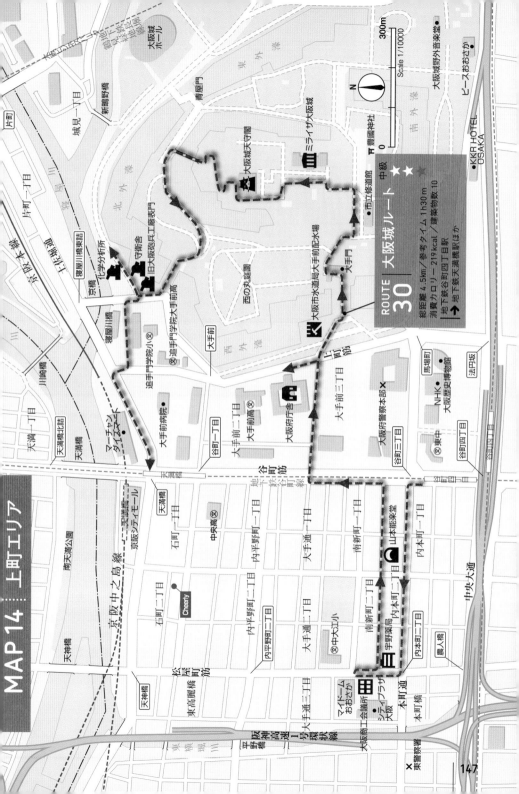

MAP 14 .... 上町エリア

ROUTE
30
大阪城ルート

中級 ★★★☆☆

総距離 4.5km ／ 参考タイム 1h30m
消費カロリー 219kcal ／ 建築物数 10
地下鉄谷町四丁目駅 ➡ 地下鉄天満橋駅ほか

大阪城ルート

大阪城内に残っている置塩の作品を見ておこう

か つて大阪城の周辺には陸軍の工場がたくさんあった。それらは数度の空襲で壊滅するのだが、焼け残った建物も大阪城公園の整備でほとんど解体されてしまう。1970年の大阪万博のときまでに公園内に戦争を思わせるものはほとんど残っていなかったろう。だから旧化学分析所はよく今まで残ったものだと思う。解体計画もあったが、保存運動があって今もそこにある。関西を代表する建築家のひとり置塩章の作品だ。

大阪商工会議所　　　　　　[5]
1967年　日建設計
大阪市中央区本町橋2-8

→ 現代の再発見

当ルート最初の大阪商工会議所は、竣工からすでに半世紀近く経っているのに古さを感じさせないのはどういうことか。建物が上出来であること、メンテナンスが良いこと、そしてこのビルと同じ時代を私が生きてきたからだろう。戦後のモダンビルめぐりのおもしろさは、現代の再発見だ。

→ 様式混在の楽しい薬局

大阪商工会議所斜め向かいの宇野薬局は、1、2階のファサードが変わっているが、それ以外はよく面影を残している。トップに瓦を載せるのはスパニッシュ的だが、円窓はインターナショナルスタイル的だ。建築様式をさまざまに混ぜ合わせる大阪的ジャズ系建築と見てよかろう。北側の手描き看板が良い味を出している。

宇野薬局
1934年　坂本建築事務所
大阪市中央区徳井町2-3-3

→ オフィス街の現役能楽堂

谷町筋に向かう途中の山本能楽堂は、実業家の家柄から能楽の道に進んだ山本博之が、能楽発展のために1927年に開いた能楽堂だそうだ。空襲に罹災するも1950年に再建し、今に至っている。これだけ大きな劇場がオフィス街のなかに残っているのも驚きだが、1950年からずっと定期公演を続けていることこそ素晴しい。

山本能楽堂
1950年　設計者不詳
大阪市中央区徳井町1-3

→ 細部装飾のコテコテ感

大阪城の西、上町筋沿いの大阪府庁舎本館は、遠目にはさっぱりしているのに、細部が濃いのはどういうわけか。この国籍不明の装飾はやはりインド式なのか。正面玄関を幾重にも縁取る文様がすさまじく、ポーチ両脇の鳳凰図も派手だ。これがインド式だとしても装飾ののたうつような感覚は独特だ。設計コンペ1等のものを建てたというが、装飾は府の営繕がデザインしたのかもしれない。ともかく全館これが続くのはすごい。

大阪府庁舎　本館
1926年　平林金吾、岡本　肇、大阪府営繕課
大阪市中央区大手前2-1

大阪市水道局 大手前配水場 高地区ポンプ場
1931年　宗建築事務所
大阪市中央区大阪城 3-24

ミライザ大阪城（旧大阪市立博物館、旧第四
師団司令部庁舎）
1931年　第四師団経理部
大阪市中央区大阪城 1-1

大阪城 天守閣
1931年　大阪市
大阪市中央区大阪城 1-1

→ 上質のアールデコ

　今まで完全に見過ごしていた。建築探偵失格だね。こんなところに宗兵蔵の建築があったなんて。まあ、宗に注目し始めたのは、この本を書き出してからだけど。

　大阪城西外濠端の大阪市水道局大手前配水場高地区ポンプ場は、大判のタイルとテラコッタを惜しげもなく使った上質のアールデコで、噴水のデザインが優しい。

→ 本家のとなりの洋風大阪城

　戦時中、大阪城内は軍の管轄だったが、そこへ大阪城を再建するに当たり大阪市が軍へプレゼントした建物がこのミライザ大阪城だ。竣工当時は第四師団司令部として使われ、戦後は大阪市の博物館として使われてきた。

　しかしなぜこんなヨーロッパの城郭風になったのだろうか。全体的には大阪ロマネスクの範疇なのだが、屋上の城壁のような切れ込みがお城のシルエットを作っている。

→ 魅力再発見

　さて、大阪城天守閣を復元しようとして困ったことが起こった。豊臣氏の天守閣は絵が残っているのだが、その平面は長方形だ。一方、ここに残る石垣はほぼ正方形だったのだ。さあ、どうする。ということで論争が繰り広げられ収拾がつかなくなった。それをとりまとめたのが武田五一だった。平面形は現状に合わせ、上部のデザインは絵に合わせることにしたという。常識的な線に落ち着いたというべきか、それ以外の方法はないというか。武田もけっこう苦労している。

→ 正しく伝えたい負の遺構

ルート最後は、大阪城の北に残る旧大阪砲兵工廠関連の建築物を見ておこう。砲兵工廠とは軍の工場のことで、これがあって大阪の重工業は発展したといわれる。大阪城内いっぱいに工場があったが、今残っている関連施設は数えるほどしかない。この表門は、石垣とレンガ積みのコントラストが美しい。レンガの表面がはげ落ちているのは空襲で焼けたためかも知れない。大阪大空襲の第一目標はここだったはずだから。

→ 置き去りにされてる守衛舎

表門から入って右の建物は、中央に大きな扁平アーチを設けた変わった作りになっている。守衛舎とあるが実際はどんな風に使ったのだろう。相当傷んでいるように見えるが、レンガ造りはレンガ1個1個を入れ替えることができるので、修理は比較的簡単だ。

→ 置塩初期代表作

最後が化学分析所だ。これをルネッサンスと紹介する本が多いが、そういってしまうと非常にややこしいことになってしまう。わたしにいわせれば、これはセセッションだ。各部の装飾分解が相当進んでいる。赤いレンガ壁と縦長の窓、白いモルタル塗りの部分のバランスが絶妙で、川沿いの瀟洒な建築に仕上がっている。誰の設計かと思ったら置塩章だった。彼は軍の建築家として大阪城内の多くの建築にたずさわった後に兵庫県庁に移って腕をふるい、1920年代後半に独立している。これは彼の初期の作品である。

旧大阪砲兵工廠　表門
建築年・設計者不詳
大阪市中央区大阪城3

旧大阪砲兵工廠　守衛舎
建築年・設計者不詳
大阪市中央区大阪城3

旧大阪砲兵工廠　化学分析所
1918年　第四師団建築課（置塩　章）
大阪市中央区大阪城3-30

MAP 15 | 上本町エリア

hang

玉造

三光神社拝殿

真田原

中道三丁目

玉津一丁目

大今里一丁目

玉造

JR玉造駅

玉津橋

南中本公園

大今里二丁目

丸一橋

中道小

大今里西一丁目

地下鉄今里筋線

東小橋一丁目

玉津一丁目

玉津中

大今里三丁目

玉津二丁目

東成警察署

今里片江
区画整理事業碑

今里

大今里三丁目

東小橋公園

入船橋

東成区 大阪セルロイド会館

東成区役所

長堀通

今里

東小橋二丁目

玉津二丁目

平野川

今里

大阪環状線

舟橋町

東小橋小

地下鉄千日前線

剣橋東

剣橋

大成小

今里筋

玉津三丁目

大今里南一丁目

JR鶴橋駅

玉津三丁目

鶴橋布施間高架橋

鶴橋

近鉄大阪線

猪飼野橋

新今里一丁目

北鶴橋小

鶴橋四丁目

中川西一丁目

鶴橋一丁目

鶴橋二丁目

鶴橋三丁目

鶴橋五丁目

中川一丁目

ROUTE
31 今里・谷町
ルート

上級
★★
★★★
★

総距離 6.4km／参考タイム 2h8m
消費カロリー 314kcal／建築物数 12
地下鉄今里駅
➡ 近鉄大阪上本町駅ほか

中川二丁目

生野聴覚支援学校

宗玄寺

弥栄神社

桃谷公園

桃谷二丁目

御幸森天神宮

桃谷五丁目

中川西二丁目

桃谷三丁目

御幸森小

桃谷一丁目

鶴橋小

桃谷四丁目

N

0   300m

Scale 1/10000

今里・谷町ルート

戦前の大阪の町並みと戦災復興寺院

大阪大空襲でほとんどの市街地は燃え抜けたが、よく見るとまばらに焼け残っている。このルートは、比較的戦前の大阪のようすがわかる地域を歩くことになる。大阪の木造長屋は他都市と比べて高級な都市住宅として知られる。歩きながらそうしたことも感じてほしい。戦災復興のコンクリート寺院は、これから再評価していくべきものと考えてルートに加えた。

鶴橋布施間高架橋
1932年　設計者不詳
大阪市生野区新今里

→ 大阪都市計画の象徴

　地下鉄今里駅から南に向かった今里筋に架かる近鉄の高架橋（鶴橋布施間高架橋）は、北側が古そうなのだが、これが驚くことに雷文コラムだった。雷文コラムはJRの環状線や梅田駅周辺の高架橋に残っているが、ここは当時から私鉄だったと思う。雷文コラムは国鉄系だけではないのか。高架化は国鉄私鉄を巻き込んだもっと大がかりな都市計画事業だったのだろうか。

→ インパクトあるモダンデザイン

　東成区役所西の**大阪セルロイド会館**は、北
東側の列柱が大胆なモダンデザインだ。南東
側は壁面から突如庇が出ていて町家風といわ
れるが、わたしにはこれもモダンデザインに
見える。南北どちらかが増築だそうだが、縦
長窓は南北とも共通しているわけだからデザ
インに齟齬はない。生野区は眼鏡産業が盛ん
だったから、その関係でセルロイドを扱う工
場も多かったのかも知れない。

大阪セルロイド会館
（旧日本輸出櫛セルロイド工業組合）
1931、1937年　西田　勇
大阪市東成区大今里西2-5-12

→ 近代都市開発の証し

　大阪セルロイド会館前の公園に建つ**今里片
江区画整理事業碑**は、傷んではいるが、さっ
ぱりとしたインターナショナルスタイルで、
そのデザインも大阪セルロイド会館と呼応し
ている。近代的な町を開こうとした意気込み
が伝わってくる。そう思って見直せば、周辺
の長屋群もタイル貼りにするなどなかなかモ
ダンだ。ちなみに石碑のはがれかけた石はト
ラバーチン（珊瑚石灰岩）だ。わたしは武田
五一が沖縄で見つけてきた国産トラバーチ
ン・うるま石ではないかと思っている。

今里片江区画整理事業碑　　　　　[22]
1928年　設計者不詳
大阪市東成区大今里西2

→ 古レールの再利用

　長堀通りを西に向かった**JR玉造駅**は、プ
ラットフォームの上屋を古いレールで作って
いて、戦前のものだと思う。線路をはさんで
大きなアーチを架け、両端の足下をピンで留
める構造だ。大きなピンを六角形のナットで
留めているのがおもしろい。古いレールには
文字が書かれているが、なかにはとんでもな
く古い年代が書かれていたりするので、探し
てみるのもおもしろい。また、駅北側の道路
に面したコンクリート橋脚に古い国鉄のマー
クが誇らしげに掲げられているのも見逃すな。

JR玉造駅　　　　　　　　　　　[23]
1932年　設計者不詳
大阪市天王寺区玉造元町

三光神社 拝殿 [22]
1971年　宮田建築設計事務所
大阪市天王寺区玉造本町14-90

大阪府立清水谷高等学校 済美館
（旧大阪府立清水谷高等女学校 済美館）
1925年　西田 勇
大阪市天王寺区清水谷町2-44

NEXT21 [10]
1993年　大阪ガスNEXT21建設委員会
大阪市天王寺区清水谷

三ツ山・石井歯科医院
1927年　藤井建築事務所
大阪市中央区谷町6-9-22

→ 真田幸村ゆかりの戦災復興神社

　JR玉造駅西の三光神社拝殿は、鶴が翼を広げたような優美な唐破風が美しい。戦災前の形を残しているのだろう。神社のみならず周辺の氏子も被災し、復興はかなわないと思ったと碑文にある。しかし本殿、社務所、拝殿、大鳥居、末社・北参道大鳥居の順に復興し、全て完成したのは1981年だった。真田幸村ゆかりの真田山として知られ、歴史ファンのみならず桜の季節には多くの参拝者でにぎわう。灰燼の中からよく復興したと感慨深い。良い風景は必ずそれを守った人がいる。

→ 遠目に見える西田カーブ

　長堀通り沿いの清水谷高校済美館は、離れていてよく見えないが、曲面にアーチ窓というなかなか思い切ったデザインをしている。曲面アーチは土佐堀・福島ルートの菅澤眼科クリニックでも見たが、アーチが3次元曲線を描くことになるので作るのは難しいだろう。

→ 省エネ・省資源の実験集合住宅

　NEXT21は、大阪ガスが総力をあげて取り組んだ環境共生集合住宅で、建物全体が緑化されていてビオトープのようだ。生ゴミを処理してバイオマスエネルギーを取り出すなど、省エネと省資源の最先端技術を駆使している。柱や梁などのフレームがむき出しになっているのは、構造と間取りとを分離する考え方で、将来的に間取りの変更が容易にできるよう設計されている。

→ 華やかな装飾の歯医者さん

　谷六交差点から西へすぐの三ツ山・石井歯科医院は、半円形バルコニーがあるが、かといってスパニッシュでもない。角を丸くし、ファサード左端を円柱風にするところなど独

特のデザインだ。元はもう少し装飾があったのではないだろうか。庇の先端に連続円模様をリボンのように入れていて華やかだ。

→ 大阪万博時代の再開発ビル

谷町7丁目の新谷町第二ビルは、同じ形をしたビルが3棟並んでいる。大阪万博のころ、大阪市内各所で再開発が進んだが、ここもその内のひとつだったのだろう。1階の店舗で古くからの機械関係の商店が営業している風景が大阪らしくておもしろい。

→ 丹下ばりのダイナミックデザイン

谷町筋沿いの妙経寺は、丹下健三を思わせるようなダイナミックなデザインだ。屋根の端を斜めに切り込んでその下に片持ち梁の断面を見せるのは、木造の大屋根を思わせ、天井裏を赤く塗るのも朱塗りのイメージだ。新しい造形でありながら伝統を踏まえた構成になっている。とくに前面の回廊は木造本堂で使われる形式だが、建物を開放的で親しみやすいものにしている。

→ 渋谷独特の造形美

谷町8丁目から西へ少しの雲雷寺は、丸みを帯びた塔の上に軽やかな笠のような八角形の鐘楼を載せている。塔の足元下が3つのアーチになっていることも、塔の重量感を消して軽快に見せている。他では見たことのないような造形でありながら、昔からこうだったような説得力のある名作である。

→ 必見の波の彫刻

上町筋に出て少し北の念仏寺本堂は、側面の三角形の破風の中に見事な波の彫刻がある。防火を思わせるが、廻船で栄えた大阪らしい意匠ではないかと思っている。

新谷町第二ビル [23]
1978年 設計者不詳
大阪市中央区谷町7-1-39

妙経寺 [7]
1962年 藤村設計
大阪市中央区谷町8-2-7

雲雷寺 [7]
1956年 渋谷五郎
大阪市中央区中寺1-4-4

念仏寺 本堂
1920年代 設計者不詳
大阪市天王寺区上本町4-2-41

鶴橋・上六ルート

不燃化寺院にこめられた戦災復興の思い

大阪は空襲でまだらに焼けているが、四天王寺から生国魂神社あたりまでの寺町は焼けたところが多い。すべてが焼失したところ、ご本尊だけ無事だったところなどさまざまだ。戦災復興に当たって、もう火災はこりごりだという気持ちが強かったせいだろうと思うが、ほとんどが鉄筋コンクリート造の不燃化寺院となった。危機を乗り越えた人々の切実な気持ちがこもっているのだ。

JR 鶴橋駅　　　　　　　　　　[23]
1932年　設計者不詳
大阪市天王寺区下味原町1-1

→ ダイナミックな鉄骨トラス駅

旧城東線の高架駅は、こうした鉄骨トラスが多い。なかでもJR鶴橋駅のダイナミックな鉄骨トラスは、まるでシカゴの高架鉄道橋のようだ。隣接する市場も鉄骨造が多いのだが、その細かい鉄骨と駅の大型構造との対比もおもしろい。

→ 優美で繊細、奈良の宮大工仕事

玉津三丁目交差点を右折、近鉄大阪線をくぐって南に向かう。御幸森天神宮を設計したと伝えられる吉田種次郎は奈良の宮大工だそうだ。奈良は宮大工の本場だから、地元もそれなりの意気込みを持って棟梁を招いたということだろう。各所に散りばめられた木彫が優美で繊細だ。境内が少し小高くなっているのは河岸段丘なのだろうか。平野川沿いには1mほどの河岸段丘の崖が続いていて、その小高いところに神社や古墳が残っている。

→ 地道な和風への取り組み

御幸森天神宮の西の弥栄神社は、池田谷久吉の事務所の設計だ。大阪市西区江戸堀の登録文化財金光教玉水教会会堂も池田谷の設計だそうだ。銅板の屋根のラインがすっきりとして優しい。小庇が後から付いてわかりにくくなっているが、軒の出が大きく伸びやかなデザインとなっている。当時モダン都市一点張りの大阪で、地道に和風に取り組む建築家がいたことは注目しておきたい。

→ 円形張り出し窓がアクセント

JR桃谷駅の北で環状線をくぐり西へ向かう。夕陽丘高校清香会館は、円形の張り出し窓が北浜・中之島ルートの福原ビルと似ている。福原ビルはインターナショナルスタイルだったが、これはそうとも言い切れない。モダンスタイルであることは間違いない。設計は大阪を拠点に活躍した建築家木子七郎だ。

→ イメージ保存？ イメージ復元？

大阪市天王寺区役所は、建て替えに当たってイメージ保存された事例としておおむね好評のようだが、わたしには疑問が残る。そもそもイメージ保存という用語は大阪市役所保

御幸森天神宮　[21]
1930年　吉田種次郎
大阪市生野区桃谷3-10-5

弥栄神社
1934年　池田谷建築事務所
大阪市生野区桃谷2-16-22

大阪府立夕陽丘高等学校 清香会館
（旧大阪府立夕陽丘高等女学校）
1934年　木子七郎
大阪市天王寺区北山町10-10

大阪市天王寺区役所 [23]
1927年（1996年建替）　設計者不詳
大阪市天王寺区真法院町20-33

太平寺 [21]
1982年　設計者不詳
大阪市天王寺区夕陽丘町1-1

藤次寺 [23]
1960年（金堂、庫裡、寺務所）　村田治郎、
棚橋　諒
大阪市天王寺区生玉町1-6

存運動のころに使われ始めたもので、元のイメージを新しい建物に反映させるというものだったが、なんでもありになる可能性があるので、わたしは「保存」とはいえないと思う。ただしここの場合はイメージ保存ではなく復元であるように思う。元の建物に似せてあるが、それをどう評価すればいいのかわからない。似ているかどうかを問題にしているのではない。復元しようとする切実な動機があったのかどうかの問題だ。

→ 人に優しい寺院建築

夕陽丘交差点から谷町筋に出て北へすぐの太平寺のお堂の良さはまず床の低さにある。これまで見て来たコンクリート寺院は高床が多かったのに比べて、軒も低めに抑えられており、全体的に寸法が人間の尺度に近い。ふわりとかかった丸みを帯びた屋根には、草葺きかこけら葺きのような暖かみがある。威厳よりも優しさを感じさせてくれる建築だ。

→ 焼失を忘れさせる木の質感

谷九交差点手前を西に入った藤次寺は、建築史家の村田治郎と構造家棚橋諒の設計だという。村田が意匠で棚橋が構造の担当なのだろう。おもしろいのは中身はまるまる木でできていることだ。お堂の中に入れば、焼失したことも忘れさせる夢見るような時間が流れている。

→ 線路を支える緑の橋脚

近鉄線玉造筋架道橋には、古い橋脚が残っている。4本柱のうち、両端の2本が傾斜しているのがおもしろい。このあたりは複々線なので線路が4本ある。そのうち北側の2線路を支えるのがこの橋脚だ。北側2線路は、大軌が開業した1914年の路線である。南側2

線路は戦後の増設である。さて、この橋脚は
いつのものだろうか。玉造筋のこの部分は市
電を通すために1921年に拡幅されたので、
その時のものかもしれない。ちなみに線路2
本を支えるレンガ擁壁が南北に残っている。
何度も改修された痕跡が残っていて見飽きな
い。

→ 武田五一の遺作

架道橋から南に向かった細工谷交差点北
にある石碑には、篆書体で殉職者慰霊碑とあ
る。桃山病院は伝染病専門の病院だった。
1937年の慰霊祭の時点で、延べ360余名が罹
患し、内35名が殉職した。病院は統廃合さ
れて今はないが、それでも碑に花が供えられ
ているのがうれしい。石碑と台座と舗石の3
段ともが八角形平面であることや、碑面の植
物がユーゲントシュテール風なのが武田らし
い。武田は1938年1月に亡くなった。これは
武田の遺作である。

→ 赤い箱と白い箱の形態操作

慰霊碑からすぐの大阪城南キリスト教会。
赤いレンガタイルの箱の上に載っている白い箱
が礼拝堂の天井だ。こうした簡潔な形態操作
が戦後日本の設計法の主流だ。レンガタイル
を使ったのは古い教会をイメージしているから
だろう。その温かみのある表情がとても良い。
レンガ壁から道路へ差し伸べられた鉄骨ポー
チが回廊のように見える。実際に回廊を持つ
教会は多いが、それは外から内へといざなう
ための装置だ。このような内でもない外でも
ないあいまいな場所が建築を豊かにする。

近鉄線玉造筋架道橋 [24]
建築年・設計者不詳
大阪市天王寺区下味原町4

桃山病院殉職者慰霊碑 [18]
1938年　武田五一
大阪市天王寺区筆ケ崎町2

大阪城南キリスト教会 [21]
建築年不詳　ヴォーリズ建築事務所
大阪市天王寺区東上町8-30

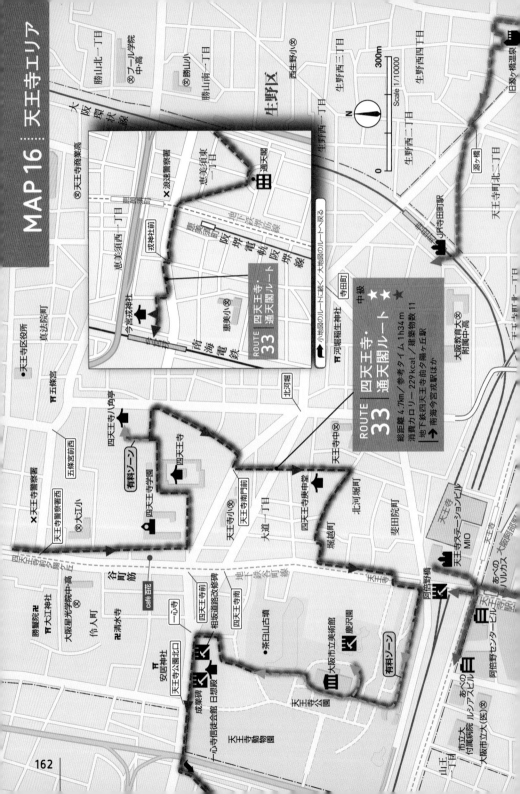

MAP 16 天王寺エリア

ROUTE 33 | 四天王寺・通天閣ルート

中級 ★★☆

総距離 4.7km／参考タイム 1h34m
消費カロリー 229kcal／建築物数 11
地下鉄四天王寺前夕陽ヶ丘駅〜
南海今宮戎駅ほか

ROUTE 33 | 四天王寺・通天閣ルート

小地図のルートに続く／大地図のルートへ戻る

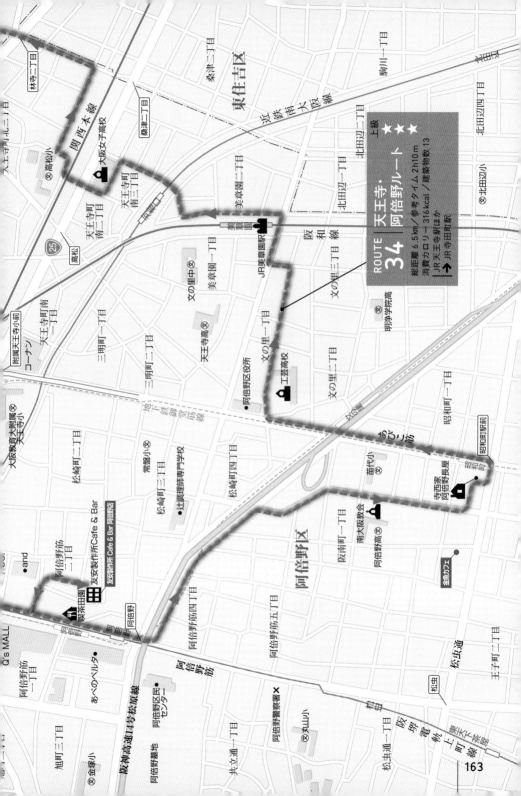

四天王寺・通天閣ルート

大阪「ミナミ」の遊覧都市の系譜をたどる

第五回内国勧業博覧会の会場跡は、ルナパークという遊園地となった。もともと天王寺のあたりは寺院や料亭の多い遊覧地だった。その延長上に博覧会があり、ルナパークがある。新世界という地名はルナパークを中心とした界隈全体を指す。その東側には美術館や動物園ができた。わたしにはそうした文教施設も含めて、新世界全体が江戸時代以来の遊覧地の伝統を踏まえているように見える。

四天王寺学園　　　　　　　　　　　　[12]
1983年（和光館）1985年（体育館）　中島龍彦
大阪市天王寺区四天王寺1-11-73

→ 四天王寺への配慮と調和

　四天王寺西隣の四天王寺学園は、大阪を拠点に活躍した建築家中島龍彦の作品のひとつで、1960年代から80年代にかけて長期間にわたって作り続けられたキャンパスである。境内側の和光館は地下を大きくすることで建物の高さを抑え境内との調和を図っている。また体育館は道路に対してセットバックしており、通りに対する圧迫感を和らげている。そうした細かい配慮が周辺環境とよくなじんだ修道院のような趣を生んでいる。

→ 復元の確かな動機

　四天王寺伽藍の江戸時代の五重塔は1934年の室戸台風で倒壊したが、それは竜巻だったのではないかと思う。塔は建築史家の天沼俊一の設計と金剛組の施工で1940年に復興されたが、せっかく再建した塔が5年後に空襲で焼け、再度1963年に現在の塔が鉄筋コンクリートで再建された。ここには復元せずにはいられない動機が確かにある。

四天王寺　伽藍　　　　　　　　　[5]
1963年　四天王寺伽藍復興建築協議会
大阪市天王寺区四天王寺1-11-18

→ 浄土の庭の洋風小奏楽堂

　本坊極楽浄土の庭にある四天王寺八角亭は、1903年に大阪で開かれた内国勧業博覧会の小奏楽堂を移築したものだ。蓮池越しに見える八角亭は洋風なのに浄土の庭によく似合う。当初のものかどうかわからないが、窓の色ガラスが美しい。

四天王寺　八角亭（旧第五回内国勧業博覧会施設）
1903年　設計者不詳
大阪市天王寺区四天王寺1-11-18

→ 大阪万博の休憩所

　四天王寺から南方向の四天王寺庚申堂は、大阪万博の休憩所として仏教界の団体が建てたものを移築して使っている。鉄骨の円柱に木造の屋根が載るという野心的な構造だ。設計は四天王寺で行ったというが、よほど名のある建築家の設計だと思う。四天王寺創建以来の技術集団である金剛組の施工である。

四天王寺　庚申堂　　　　　　　　[23]
1970年　設計者不詳
大阪市天王寺区堀越町2-15

→ 大阪市建築課の和洋折衷表現

　天王寺公園内の大阪市立美術館は、天満・堂島ルートの大江ビルディングに通じる自由さがあり、瓦の使いかたは淀屋橋ルートの高麗橋野村ビルディングにも似ている。土蔵のようなファサードの頂部にアカンサス風の鬼瓦が載っているが、よく見ると和風の波型模様になっていて、和風とも洋風ともつかない新しい表現がここにある。大阪市の建築課は住友系のような大阪ロマネスクを好まず、

大阪市立美術館
1936年　大阪市建築課
大阪市天王寺区茶臼山町1-82

慶沢園（旧住友家 茶臼山邸庭園）
1918年　小川治兵衛
大阪市天王寺区茶臼山町1-82

一心寺信徒会館 日想殿　　　　　　[5]
1977年　高口恭行、近畿建築構造研究所
大阪市天王寺区逢阪2-8

相坂道路改修碑 銘板　　　　　　　[22]
1876、1887年　設計者不詳
天王寺区逢坂上之町2-8

もっと自由なジャズ系建築を目指していたように見える。

→ 住友からのプレゼント

　大阪市立美術館うらの慶沢園は、奥に大がかりに盛り土をして、手前へ向けて川が流れるように仕組んでいる。小川治兵衛の庭園はこうした動的な楽しさがある。ここは住友家が市に寄贈した土地だが、もともとここに住んでいたわけではなく、明治になって取得して別邸を営んだ。その後、別邸は美術館の用地となり、庭園が残ったというわけだ。住友は最初からこうなることを見越して土地を取得していたようにも見える。大阪の骨格を考えるとき、必ず出て来るのが住友家だね。

→ 高口のすがすがしさ

　天王寺公園北の一心寺信徒会館日想殿は、2階の広間から大阪湾に沈む夕日が一望できる。高口恭行は一心寺住職を兼ねた建築家で、境内の現代建築はほぼ彼の作品である。一心寺シアターを開くなど境内をアートに開く試みも行っているが、そもそも寺社境内は興行地でもあったから、開くことは理にかなっているように思える。そんな開け放ちのすがすがしさがこの建築にも表れている。

→「大阪」の起源

　相坂道路改修碑には、2度の改修時の銘板が保存されている。その上に大きな丸窓を開けて、一心寺がそのありかを知らせてくれている。碑文によれば最初の改造は1876年で、観音寺住職の尼僧・浅田静明師が発起人となっている。2回目は1887年で、このときは大阪府属・篠川利祐の設計とあり、馬車の通れる道路整備として行われたのだろう。2回目の発起人の筆頭にも静明師の名前があ

る。彼女は逢坂（相坂）改修の恩人なのだ。

→ コリント式柱の石碑

　成業碑は、逢坂に接した一心寺境内に立つ。ローマ風の列柱を3本合わせた形で、威風堂々としている。これは、逢坂を下った今宮の地で人力車製造を始めた和佐清吉を顕彰する記念碑だ。明治8年に人力車を作り始め、28年後には年間4000台を製作し、海外輸出も果たしたとある。「今宮車」と呼ばれた名車であったらしい。

→ 大阪庶民派の象徴

　天王寺公園西、新世界の中心通天閣の特徴は3つある。まず広告があること。これは初代通天閣にも広告が付いていたことを踏襲している。これがデフォだから大阪人はこれが当たり前だと思っているわけだ。ふたつめは手が付いていること。これがなければすっきりするが、物足りない。この通天閣のプロポーションに慣れていたため、大阪人は太陽の塔にもすぐになじめたのだろう。3つめは、この塔が何角形かわからないこと。下は四角形だけど途中から八角形に変わる。頭の上には四角い台があって丸い帽子をちょこっと載せる。ちなみに帽子の色で天気がわかる。白は晴れ、曇りは橙、雨は青で大阪人ならみんな知っているらしい。こういう役に立つのかどうか微妙だけれど、ちょっとお得なところも大阪らしくてわたしは好きだ。

→ コルビュジェからの連想？

　ルート最後の今宮戎参集殿は、戦災復興時のコンクリート作品だ。丸い柱に丸みを帯びて反り上がる屋根、コンクリート製のバルコニー手すりなど、コルビュジェや京大の増田友也の仕事を知ったうえでの造形に見える。

成業碑　　　　　　　　　　　　[22]
1902年　設計者不詳
大阪市天王寺区逢阪2-8

通天閣
1956年　内藤多仲
大阪市浪速区
恵美須東1-18-6

今宮戎神社 参集殿　　　　　　[24]
建築年・設計者不詳
大阪市浪速区恵美須西1-6-10

天王寺・阿倍野ルート

若き村野藤吾の作品を見にいこう

こ のルートは村野を探す旅になっている。考えてみれば、阿倍野から阪南町（あべの）（はんなんちょう）へと至るコースは、モダン都市の時代に拡張された借家街だ。空襲被害が少なく、今も1920〜30年代そのままの風景が残っていたりする。モダンビルに勤務する会社員は、こうした借家街に住んでいたわけで、戦後のモダンビルを作り続けた村野のアトリエも、そんな借家街のただなかにあった。長屋とモダンビルとの距離はそれほど離れていないのだろう。

天王寺ステーションビル　　　[5]
1962年　日本国有鉄道、安井建築設計事務所
大阪市天王寺区悲田院町

→ 駅ビル自体が「橋」

　天王寺ステーションビルの竣工時の外装は、暗灰色のアルミスパンドレルだった。スパンドレルとは筋の入った金属板のことだ。ようするに黒いビルだったわけで、今とは印象が違う。黒ビルの渋さは大阪ロマネスクゆずりなのだろう。国鉄と民間とが共同で開発した最初期の民衆駅ビルだったそうだ。JR環状線がこのビルの下を通り抜けており、駅ビル自体が橋になっているという大がかりな人工地盤の事例でもある。

→ 環状線を渡る「橋」

　阿倍野橋がどこにあるのかずっとわからなかった。これは谷町筋がJR環状線の切り通しを越える陸橋だが、隣接して天王寺駅ができたことでわかりにくくなっている。西側欄干の飾り格子が陶器製なのは珍しい。

→ 構造と意匠の役割分担

　天王寺ステーションビルの斜め向かい、阿倍野センタービルの筋の入った縦長の壁は柱ではない。本当の柱は1mほど後ろに隠れている。骨組みと外壁とを切り離すことで自由な表現を得たわけだ。窓から見えている斜め鉄骨は最近の耐震補強だ（あまりかっこよくない）。よく見ると窓の高さに違いがある。2階が一番高く、9階はその半分ほどしかない。2階は銀行の営業室があるので天井が高い。機能に合わせて窓の高さを決め、3層ごとに水平ラインを通して調子を整えている。

→ X字型鉄骨トラスが印象的

　阿倍野センタービルから西に向かったあべのルシアスビルは、阿倍野再開発事業の一環として建設された。隣接するアポロビルと同じ近鉄グループのきんえい所有のビルである。商業施設とオフィスが複合しており、アポロビルとは内部でつながっている。ポストモダンのお手本のようなビルである。X字型の鉄骨トラスは、構造的に必要というよりもフェイクに近い。フェイクを楽しむのもポストモダンの特徴だ。ちなみに、村野藤吾設計のアポロビルは改修によって外観が変わったが、内部などところどころに村野設計当時の名残りがある。

→ 阿倍野の路地裏から世界へ

　入り組んだ路地の奥にある旧村野・森建築

阿倍野橋
1943年　設計者不詳
大阪市天王寺区悲田院町/阿倍野区旭町

阿倍野センタービル　　　　　　　　[8]
1970年　村野藤吾
大阪市阿倍野区阿倍野筋1-5-36

あべのルシアス　　　　　　　　　[16]
1998年　大阪市都市整備局　昭和設計
大阪市阿倍野区阿倍野筋1-5-1

友安製作所 Cafe & Bar（旧村野・森建築事務所）　　　　　　　　　　　[8]
1966年　村野藤吾
大阪市阿倍野区阿倍野筋3

喫茶田園　　　　　　　　　　　　　[24]
建築年・設計者不詳
大阪市阿倍野区阿倍野筋2-4-45

日本基督教団　南大阪教会　　　　　[8]
1928年（1981年改装）　村野藤吾
大阪市阿倍野区阪南町1-30-5

事務所は、インテリアショップ、カフェとして2017年にリニューアルオープンした。運営する友安製作所は、インテリア用品の製造販売やカフェ事業を手掛けるものづくり企業だ。職人技にこだわった村野藤吾とぴったりの相性だ。ほぼ原形を損なわず改装されており、設計事務所時代の風景を内側から想像する楽しみがある。設計室へ上がる狭くて急な螺旋階段のことはウワサに聞いていた。実際に上がり降りすれば、建築事務所所員の気分を味わえる。

→ あべの筋の老舗喫茶店

　あべの筋に面した喫茶田園は、タイルがすばらしい。田園をイメージさせる緑色のタイルは、表面に気泡のような小さな穴が散っている。表面が平滑でないので、光の反射が均質でなく、微妙な陰影を生む。そのことがタイルの表情に深みを与えている。入り口天井の赤の窯変（ようへん）タイルは珍しいものだ。窯変とは窯のなかでタイルの色が変わることで、天目茶碗と同じ原理だ。このタイルは、暗い赤から鮮やかな青へ窯変し始めており、独特の美しさをもっている。2014年頃より休業中。

→ 村野の初期教会作品

　あべの筋阿倍野交差点を左折してしばらく阪神高速の下を歩き、文の里（ふみのさと）出入口のループから少し南に向かった南大阪教会は、村野の初期の作品のひとつだ。建て替えに当たって旧会堂の塔が残された。丸と十字の連続模様は、鉄筋コンクリート建築の父とうたわれるオーギュスト・ペレのル・ランシーの教会堂（1923）の写しだろう。1938年にレーモンドの設計した東京女子大学チャペル・講堂も同じモチーフだ。不思議に思うのは、塔が通りのほうを向いていないことだが、なぜだろう。

→ 大阪高級長屋の再利用

　大阪の長屋は総じて高級なものが多いといわれている。江戸時代の城下町の中でも、町民の力が強い伝統か、それとも20世紀はじめの都市膨張の時代に、大阪が他地域よりもモダンな都市を作るだけの経済力があったためか。ここ寺西家阿倍野長屋はそんな高級長屋の作例で、京都の表塀型町家のように小さいながらも前庭があるのが特徴だ。路面電車の延長とともに、借家都市は拡大した。モダン都市の本体は、近代建築よりこっちの借家街のほうにあるのかもしれない。今は長屋レストランとして楽しそうに使われている。

寺西家 阿倍野長屋（旧寺西家 貸家）
1933年　朝永國次郎
大阪市阿倍野区阪南町1-50-25

→ 見所満載の工芸高校

　あびこ筋を北へ向かった大阪市立工芸高校本館は、見るたびに発見のある校舎だ。玄関アーチに波形の縁取りがあって、おひさまマークのようなのが楽しい。そのまわりの壁面は方眼紙のように区切って4分の1円で飾っているのもおもしろい。ヴァン・デ・ベルデのヴァイマールの工芸学校校舎の写しといわれる。それもあるが、わたしは北船場ルートの芝川ビルのような装飾分解の進んだモダンビルの作例なのだろうと思う。

大阪市立工芸高等学校　本館
（旧大阪市立工芸学校　本館）
1924年　大阪市営繕課
大阪市阿倍野区文の里1－7－2

→ 鉄骨の迫力

　大阪市立工芸高校から東へ向かったJR美章園駅は、駅舎の三角屋根もかわいらしいが、わたしはプラットフォームを支える鉄骨が迫力があって好きだ。もともと駅にする予定がなかったところへ、後から作ったのでこうなったらしい。他の高架駅はほとんどが鉄筋コンクリートだが、これだけ鉄骨を見せているのは珍しい。下が商店街になって活気があるところも素敵だ。

JR 美章園駅
1931年　設計者不詳
大阪市阿倍野区美章園1

大阪女子高等学校　本館
（旧大阪女子商業学校）
1931年　宗 兵蔵
大阪市阿倍野区天王寺町南 2-8-19

旧源ヶ橋温泉浴場
1937年　設計者不詳
大阪市生野区林寺 1-5-33

JR 寺田町駅
1932年　設計者不詳
大阪市天王寺区大道 4

→ 近代的学校建築の具現化

　近鉄南大阪線河堀口駅北側に大阪女子高校はある。さて、校舎正面トップの菱形のマークは何だろう。もともと商業系の学校だったそうなので、ソロバン玉だろうか。ファサードはヴォーリズの豊郷小学校に似ている。空調設備も整った近代的な校舎のイメージとはこういうものだったのだろうか。宗兵蔵は1931年に事務所を閉めているから、これは晩年の作品ということになる。

→ 生野区路地裏のニューヨーク

　林寺1丁目の路地の奥、旧源ヶ橋温泉浴場は2019年に休業し、そのまま廃業なさった。いまは建物の活用について模索なさっていると聞く。玄関上の自由の女神は、入浴とニューヨークをかけた言葉遊びだという。女神がかかげる聖火が温泉マーク風になっているのがおもしろい。2階の色ガラスはぜひ内側から拝見したいと思いながら果たせていない。いずれなんらかのイベントに参加して内覧したいものだ。路地の奥というロケーションが大阪の古い町の風情を残している。地域で楽しく活用できる日がくることを応援したい。

→ 高架線路とモダン駅

　JR寺田町駅では2015年の改修時に古い駅名標が見つかった。ホームの板壁に直接書かれたもので、一度書き直している。うっすらと見える古い駅名は右横書きなので1932年の寺田町駅開業当時のものと推定されている。当時の駅名標が残っていることは珍しい。ガラスごしに白ペンキで消された「うよちだらて」が読めるかどうか試してみるのも楽しい。ホームの鉄骨上屋は、足元を自在に回転できるピンで留めただけのダイナミックなものだ。改札脇の曲面になった壁もモダンだ。

MAP 17 ： 淀川区エリア

ROUTE 35 ｜ 柴島・十三 ルート

上級 ★ ★ ★

総距離 8.0km ／ 参考タイム 2h40m
消費カロリー 389kcal ／ 建築物数 8
→ 阪急十三駅

ROUTE 35 柴島・十三 ルート

北区

淀川区

木川東一丁目
木川東二丁目
西中島二丁目
西中島二丁目

木川西一丁目
木川西二丁目

卍善久寺

ライフ
木川南小⊗

十三中⊗
十三小⊗

英真学園高⊗

淀川区役所

十三東三丁目
十三東一丁目
神津神社 ⊞

阪急京都線

JR京都線

柴島浄水場第二連絡池本館
柴島浄水場第一連絡池上屋
柴島浄水場節制井上屋
水道記念館

柴島一丁目
柴島二丁目

正福寺 卍

光徳寺 卍
中津小⊗
中津三丁目
中津一丁目

300m
Scale 1/10000
N
0

淀川

西中島三丁目
西中島五丁目

西中島南方駅前
阪急南方駅前

西中島一丁目
淀川取水場

日清食品本社

小地図のルートに続く／大地図のルートに戻る

西中島南方

阪急宝塚線
阪急神戸線

淀川神戸線

淀川
淀川警察署

十三木町一丁目
十三木町二丁目

武田薬品工場

新十三大橋
十三大橋

新十三大橋

176
新北野
十三

ドン・キホーテ

ホテルプラザ
オーサカ

新北野一丁目

mt.cafe

新北野二丁目

新十三木橋

卍長安寺
十三本町一丁目

北野高校校舎西外壁
北野高校

十三本町二丁目

北野高校前⊗

十三元今里二丁目
十三元今里一丁目

十三公園

新北野中⊗
新十三野中⊗

新北野三丁目

博愛社礼拝堂

神津小⊗
淀川郵便局前

北野中前⊗

卍円照寺 卍黙照寺

173

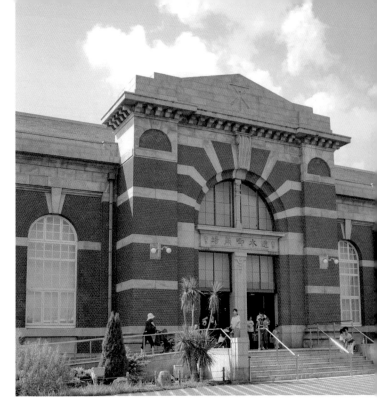

柴島（くにじま）・十三（じゅうそう）ルート

ローマの如くモダン都市大阪は水道から始まった

本書では京都・大阪・神戸の水道施設を取り上げている。京都は田辺、神戸は河合、そして大阪は宗だ。ローマ風の京都、白亜の神戸、赤レンガの大阪と、各都市の個性が表れていておもしろい。いずれの建築も、土木家と建築家とが一緒になって未来の都市を作ろうと意気込んでいたようすが伝わってくる。

柴島（くにじま）浄水場 第一濾過池本館
1930年　設計者不詳
大阪市東淀川区柴島1-3-14

→ 残したい昭和初期遺構

　阪急京都線、JR京都線、阪急千里線に囲まれた三角地帯に柴島浄水場があり、その南端の3つの建物が最初の目的地だ。

　ひとつ目の柴島浄水場第一濾過池本館（ろかち）は、左右対称のファサードの正面にアーチの玄関を設けたクラシックなデザインで、窓ガラスがタテ長なのが昔風だ。アーチまわりなど装飾は少ないが手堅く仕上げていて、よほど腕の立つ建築家の作品に見える。外壁が傷んでいるが、建物自体はしっかりしているように見えるので、上手く活用できればよいが。

→ 三角屋根がかわいい機械

　カンソクロカチのセッセイセイ（緩速濾過池の節制井）といわれてもさっぱりだ。ここ節制井上屋には英国グレンフィールド社製のウキコ２ジュウカンシキロカソクドジドウチョウセツキ（浮子２重管式濾過速度自動調節機）が設置されていたとか。やはりわからん。さて建物のほうだが、これが当初の姿なのかどうかわからない。軒下の３本縦線とその下のふたつの正方形はセセッションを示している。何よりおもしろいのは三角帽子のような屋根だ。換気口を設けるために屋根が２段になっているのだと思うが、楽しげなデザインである。

→ 派手でめでたい玄関まわり

　赤レンガの水道記念館は、1986年まで大阪市の主力ポンプ場として活躍した旧第一配水ポンプ場を保存活用したものだ。玄関まわりが初日の出に見え派手でめでたい。水道施設の整備は都市にとってそれほど喜ばしいものだったのだろう。それにしても宗は思った以上にユーモアがあるな。宗の初期の作品でありながら、すでに十分装飾分解が進んでいる点は見逃せない。ちなみに記念館前の噴水が、宗の設計した大阪城ルートの大手前配水場にあったものによく似ている。これも宗のデザインなのだろうか。

→ さりげなくも絶妙なバランス感

　御堂筋線西中島南方駅南側の阪神水道企業団淀川取水場は、淀川から汲み上げた水を尼崎浄水場までポンプで圧送する現役の施設だ。浄化された水道水は尼崎、西宮、芦屋、神戸などで消費されている。取水場は1938年の稼働なので、そのころの建物に見えるが未確認である。大小の窓を必要に応じて並べ

柴島浄水場 節制井上屋
1908年　設計者不詳
大阪市東淀川区柴島1-3-1

水道記念館（旧柴島浄水場 第一配水ポンプ場）
1914年（1995年改修）
大阪市水道拡張課、宗 兵蔵
大阪市東淀川区柴島1-3

阪神水道企業団淀川取水場 [24]
建築年・設計者不詳
大阪市淀川区西中島 2-1-27

日清食品ホールディングス大阪本社ビル [21]
1977年　大成建設
大阪市淀川区西中島 4-1-1

十三大橋
1932年　増田　淳
大阪市淀川区新北野／大阪市北区中津

ながら、不揃いには見えない。窓巾が同じで
あることと、下から3つ目の小窓を同じ高さ
にそろえたことで統一感を得ている。なにげ
ないデザインだが、相応の力量のある設計者
の手になることが分かる。

→ 王道の風格をもつオフィスビル

　西中島南方駅のすぐ西にある日清食品ホー
ルディングス大阪本社ビルの緑色のタイル壁
面は、阪急電車の車窓からよく見える。夏の
直射日光、秋の夕映えなど、そのときどきで
表情を変えて美しい。ビルの東西面を壁面と
し、南北面を大きな窓とするオフィスビルの
典型である。この時代のオフィスビルにはい
いものが多いが、そのほとんどがゼネコンの
設計部の手になる。奇をてらわず実直であり
ながら、キリッとかっこよいものが多い。ゼ
ネコン設計部の矜持を感じさせる作品であ
る。

→ 工業都市大阪の都市門

　淀川通りに沿って南西に進んだら、国道
176号線が新淀川を渡る十三大橋を見ておこ
う。
　まず、鋳鉄製の手すりに注目してほしい。
歯車のような模様でデザインされている。そ
して、大きく美しい鉄骨アーチを見上げる
と、そこにも歯車模様が散りばめられてい
て、わたしには工業都市大阪を表しているよ
うに見える。つまりこの橋は大阪の都市門と
してデザインされているわけだ。
　増田淳は戦前では珍しい橋梁専門の設計事
務所を開いていた。東京の白鬚橋も彼の設計
だそうだ。

→ 建物保存の意味

　十三大橋から新淀川沿いに西へ向かった大

阪府立北野高校は、建て替わったと聞いていたが、一部校舎西外壁が保存されていた。

そこには袈裟懸けに銃弾跡が残っており、タイルが砕けて煙をあげるようすが目に浮かぶ。さらに足元には殉難乃碑があり、「学校防衛中焼夷弾に斃る」とある。機銃掃射とは別の日のことなのだろうか。この壁は北野高校の教職員、同窓生らの保存運動の結果残すことになったそうだ。

また、外壁の一部は正面玄関脇にも保存されている。丸窓に「北中」をかたどった鉄枠がはめ込まれていておもしろい。全体像がよくつかめないのだが、残った部分から想像するに、良質なアールデコだったのだろう。

大阪府立北野高等学校 校舎西外壁
（旧大阪府立北野中学校）
1931年　大阪府営繕課
大阪市淀川区新北野2-5

→ 質素で端正なヴォーリズ教会

当ルート最後は、北野高校から北へ向かい、十三筋に出たところにあるヴォーリズ建築事務所設計の博愛社礼拝堂。博愛社のチャペルであると同時に聖贖主教会という会堂でもある。全体に装飾が少なく質素であるが、それがかえって端正な美しさを生み出している。車輪のようなロマネスク風のバラ窓が少し小さめなのも、そうした印象を引き立てるのに役立っている。さすがヴォーリズである。

おもしろいのは塔の上に小塔が付いていることだ。2段式の塔はあまり見た記憶がないので珍しいと思う。これは十字架を掲げるための台なのかも知れない。小塔の上にほんの小さな十字架を載せている。ヴォーリズは十字架を大きくしないことが多いが、これほど小さいものも珍しいだろう。よく見ると、この十字架の腕が正面を見ずに少し斜めになっているが、なぜだろう。

博愛社 礼拝堂
1936年　ヴォーリズ建築事務所
大阪市淀川区十三元今里3-1

天六・長柄ルート

未来都市をイメージした
環状線の高架高速化

大阪の近代はモダン都市という呼び方が相応しい。レンガ工場や環状線の高架化など、1920年代から30年代の大阪はモダン都市に変貌していく。われわれが見て歩いている大阪は、そのころのわくわくするようなモダンタイムスなのだ。今ではわくわく感は薄れたが、それでもなお未来都市へのあこがれは共有しているように見える。都市計画は工学的なものにイメージを付加するのではなく、未来のイメージを原動力に一気に描き上げるものらしい。

旧大淀寮（旧豊崎勤労学校） [21]
1926年　設計者不詳
大阪府大阪市北区長柄西1-1-37

→ ギャンブレル屋根の塔が特徴

　天神橋筋六丁目駅から北東に進んだ長柄中通沿いの旧大淀寮は、もとは豊崎勤労学校だったようだ。その後、隣接していた日雇い労働者のための宿泊所である市立大淀寮の分館となり、さらに市立弘済院長江分院、市立中央更生相談所、保健所など時代とともに使い方を変えながら、地域とともに歩んできた建物である。玄関上部を八角形の半分のかたちに仕上げたあたりに、1920年代の表現主

義的造形を見ることができる。

→ 初期コンクリート造アーチ橋

　旧大淀寮から北へ向かい、毛馬閘門関連の施設を見に行こう。

　ひとつ目の眼鏡橋のアーチ下の鉄骨補強は最近のもので、もともとは鉄筋コンクリート造に見える。そうであればコンクリートアーチ橋としては初期のもののひとつだと思う。

→ 水の都の土木遺産

　伏見酒蔵ルートの三栖閘門でも紹介したが、閘門とは水位を調整して船を通す装置をいうそうで、水門は2つで1セットだ。

　この毛馬第一閘門跡は、眼鏡橋の下をくぐっていくと閘門の底に出ることができる。もう水はないが、船が上下するさまが目に浮かぶようだ。

→ 淀川放水路完成記念

　淀川の放水路の完成を記念して建てられた淀川改修紀功碑は、装飾分解の進んだセセッションスタイルである。デザインが大阪市港区天保山にある明治天皇観艦之所碑と似ている気がするが、設計者不詳である。

　毛馬閘門からは大川沿いに南に向かい、都島通りで左折して都島橋を渡る。

→ 近代都市を守ってきた水道施設

　大川の左岸、毛馬桜之宮公園内に、取水口のレンガ積みの一部が残っている。大阪で最初の上水道取水施設で、1915年、柴島浄水場の完成まで使われた。ここで汲み上げられ

毛馬閘門　眼鏡橋　　　　　　　　　[22]
1914年　設計者不詳
大阪市北区長柄東3-3

毛馬第一閘門跡
1907年　沖野忠雄　　
大阪市北区長柄東3-3

淀川改修紀功碑
1909年　大阪市
大阪市北区長柄東3-3

大阪市上水道取水施設 [22]
1895年 設計者不詳
大阪市都島区中野町5-13毛馬桜之宮公園内

旧城東線大川橋梁橋脚 [23]
北側：1914年、南側：1895年（推定）
設計者不詳
大阪市都島区中野町5丁目桜ノ宮駅西

中西金属工業 事務所（旧天満紡績 事務所）
明治後半 設計者不詳
大阪市北区天満橋3-3

た水は浄化された後、大阪城の配水池から自然流下で配水された。水道整備の目的は都市防疫にある。こうした施設が調わなければ過密に暮らすことはできない。我々は気づかないところで都市施設に守られている。すぐ脇に大阪市水道発祥之地碑もあるが、ここは近代都市大阪の発祥地と言っても良いだろう。

→ 桜ノ宮に残る鉄道遺産

大川の左岸をさらに南に向かい、JR環状線をくぐった左に、レンガ造の橋脚がふたつ並んでいる。かつてここから大川に架かっていた旧城東線大川橋梁橋脚だが、不思議なのは南北でレンガの積み方が違うこと。南側は一般的なイギリス積みであるのに対し、北側は焼き過ぎレンガで模様を描いたフランス積みである。南側は単線用、北側は複線用に見える。したがって、それぞれの竣工年代について、南側は城東線が開通した1895年、北は複線化された1914年と推定した。開業当初は民間の大阪鉄道で、かわいらしいSLが走っていたろう。複線化されたのは国有鉄道時代だった。

→ いまだ現役の明治期事務所

源八橋でふたたび大川の右岸に渡り、JR環状線をくぐってすぐ西に向かうと現れる中西金属工業事務所は、ずっと石造りだと思っていたが、よく見ると切石の表面模様が同じものがある。これは擬石コンクリートブロックだったのだ。2階部分のタイルも当初のものだろうか、白い正方形タイルであるところがモダンだ。古い建物の良さを活かしながら上手に改修して使い続けることは、ヨーロッパでは当たり前だが日本ではまだ珍しい。ここはレンガ工場ともども、その好例といえる。

→ 市内有数の明治期レンガ造工場

中西金属工業工場は、大阪府の資料には元天満紡績工場とある。これだけの規模のレンガ工場は市内ではもう残っていないのではないかと思われる、ノコギリ屋根のかかった大規模工場である。南側の通りに面した2階建ては事務所として使われているらしく、サッシを入れ替えて快適にお使いのようだ。ここではレンガ壁を目前で観察することができるので、ノコギリ屋根の跡や埋められた窓などの痕跡が見てとれるだろう。レンガ造はその痕跡すら美しい。

→ モダン都市の象徴

ルートゴールのJR天満駅をやり過ごして、天神橋通架道橋を見ておこう。

大阪駅から桜ノ宮駅までの高架化が1933年だそうで、これと同じ高架橋が中崎町や大阪駅周辺にもある。見ておきたいのは各所に付いている三連逆三角形マークだ。高架化と同時に電化もされたらしいから、これは電気を表すイナズマ文様ではないか。とりあえず雷文コラムと呼んでおこう。都市鉄道の高架高速化はモダン都市の象徴でもあった。中空を走る電車は未来都市のイメージだったのだろう。

中西金属工業 工場（旧天満紡績 工場）
明治後半　設計者不詳
大阪市北区天満橋3-3

天神橋通架道橋　　　　　　　　　　　[22]
1932年　設計者不詳
大阪市北区天満橋4

用語解説

アールデコ…1925年パリのアールデコ博で流行したスタイルで、カッサンドルのポスターが有名

パラペット…屋上の壁手すり

セセッション…ウイーン分離派に影響を受けた建築スタイルで、幾何学的な装飾が特徴

ノコギリ屋根…ノコギリ歯のようなギザギザした形の屋根で、明り窓から北側の空の均質な光を取り込む

天(てん)満(ま)・堂島ルート
古い建物には残したいという人の思いがある

建物は記憶のボトルとして機能しているとわたしは思う。ボトルの栓を抜くと古い記憶がよみがえるのだ。それは時代が経つほど値打ちが出るし、レプリカでは代えることのできないたったひとつの容器だ。建物を残すということは、その効果を残すことにほかならない。建物は自然に残るのではなく、残そうとした者がいたから残るのである。そのことに思いが至れば、建物はさまざまに過去を語ってくれるだろう。さながら年代ものの洋酒のように。

大阪造幣局　本局
1938年　大蔵省営繕管財局
大阪市北区天満1−1−79

→ 造幣局の上品デザイン

　南森町から国道1号線を東に向かった大川の手前の大阪造幣局本局は、とても上品なデザインである。列柱のような壁柱を並べ、窓の直上の小庇を支えている。最上階の大梁の下に小庇があるためパラペットの見かけが高くなったが、それが狙いだったかのように玄関前でさらに一段高くして時計をはめこんだ。なかなかの手練(てだ)れである。

➜ 大阪最古の現存洋風建築

　国道1号線を挟んで造幣局の北向かいにある泉布観。明治4年竣工は、近代建築としては相当古い。右隣の旧明治天皇記念館の列柱部分も同年竣工の造幣工場のものを移築したものだ。やはりウォートルスの設計でこれもいい。彼は東京の銀座レンガ街の設計が有名。泉布観は造幣局（当時は造幣寮）のゲストハウスだった。当時東アジアの植民地都市で流行していたコロニアル（植民地）スタイルだ。バルコニー支柱が木製ではなく石造りなのは、この建物が破格の扱いであったことを示す。

➜ 銀橋の不思議網目模様

　国道1号線が大川を渡る桜宮橋は、大阪では銀橋と呼ばれて親しまれている。武田五一デザインのこの不思議な網目模様を見て欲しい。もちろんディテールは構造設計者が決めるが、橋梁において構造美を発揮せよと指示したのは武田だったのだ。武田は、大阪の都市改造に当たって今までとは違う新しい都市美を模索していた。その実例として完成したのがこの銀橋だったのだ。ちなみに橋の中央頂部にヒンジがあるのは、将来両岸が不同沈下したとき、橋が伸びるというウソのような仕掛けになっている。近年、安藤忠雄によって拡幅されたが、銀橋の良さを損なわない優れた改修設計といえよう。

　桜宮橋から次の天神橋までは少し距離がある。季節がよければ、大川沿いを川風に吹かれながらゆっくり散策しよう。

泉布観
1871年　トーマス .J. ウォートルス
大阪市北区天満1

桜宮橋
1930年　武田五一、大阪市土木部
大阪市北区天満/都島区東野田

天神橋
1934年　川上暢夫
大阪市北区天神橋/中央区北浜東

フジハラビル
1923年　設計者不詳
大阪市北区天神橋1-10-4

日本基督教団　天満教会
1929年　中村 鎮
大阪市北区天神西町4-15

→ 究極の扁平橋

　現在の天神橋はとても扁平なアーチだ。ご承知のとおりアーチは曲がっているから力を受けることができるのであって、扁平だと真ん中で折れてしまう。そのぎりぎりの設計をしているわけだ。大阪の都市計画橋のほとんどが道路下にアーチを隠しているのは、橋上からの眺望そのものが大阪の歴史資産だと武田五一らが考えたからだ。だからこんなに無理して扁平になっているのだ。なお、北詰西側に古い橋銘板が保存されている。戦後のものかも知れないが、天神にちなんだ梅鉢模様の照明なども見逃せない。

→ オーナーの思いの結実

　天神橋から北へすぐのフジハラビルは、建物に対するオーナーの切実な思いが結実して、事務所ビルから現代アートのギャラリーに変身した。古い建物が残っているのは偶然ではなく、それを支えているオーナーの見えない努力があることを忘れてはいけない。デザイン的には玄関まわりがおもしろい。床のモザイクタイルや半円アーチの欄間の模様、扉を取り付けた親柱の不思議な柱頭など見飽きない。

→ 「鎮ブロック」教会その2

　天満教会は、初期のコンクリートブロック造の事例でとても珍しい。これは建築家中村鎮の発明した「鎮ブロック」だ。通りに面して2層吹き抜けの回廊があるのが大きな特徴で、これは通りと2階の会堂とをつなぐ装置だったように見える。内外を吹き抜けの回廊でつなぐという手法も秀逸だが、そのすっきりとした姿はどこかヨーロッパの前衛建築を思い起こさせる。

→ 葛野の代表作

大阪高等裁判所を目印に堂島方面へ向かった大江ビルディングは、大きい上に古い。このデザインを的確に説明するのは難しいだろう。和風とも洋風ともつかない省略化された装飾がファサードに散りばめられているのだ。これと同じことを片岡安もやっていた。これはジャズなのではないかと思う。モダン都市の風景のなかで、いろんなものが即興的に混じり合うおもしろさだ。中にギャラリーがあって、内部もわくわくするような古い部分が多く残っている。

大江ビルディング
1921年　葛野建築事務所
大阪市北区西天満 2-8-1

→ ラジエーター型庇が特徴的

大江ビルディングのそばにある大阪市交通局曽根崎変電所は、市電のための変電所だったと聞いている。市電はもうないが、今も現役の変電所らしい。側面の櫛のような庇が特徴的だ。最初この窓庇にはなんらかの変電所らしい役割があると思っていたが、これは純粋なデザイン要素らしい。おそらくモーターや変圧器の放熱板をイメージしたラジエーター型庇ということだろう。大阪市の電気局系の建物はおもしろい。

大阪市交通局 曽根崎変電所
1928年　設計者不詳
大阪市北区西天満 2-7-9

→ 都市散策を楽しむ橋とは

淀屋橋・大江橋は、コンペの結果、大阪市役所となじむデザインが採用された。橋のたもとの照明灯を備えたバルコニーが特徴だ。武田五一は、都市散策者にとって楽しい橋のデザインを推奨し、純洋風の橋を歴史的風景になじまないとして嫌ったが、この橋も随所に和風のモチーフが現れる。たとえば、照明柱のジグザグ模様は矢絣だ。武田たちは和風をそのまま使わずに、一見それとわからないようにアレンジするから、それを探す楽しみがここにもある。

淀屋橋・大江橋
1935年　大谷瀧雄、武田五一、元良 勳、大阪市土木部
大阪市北区堂島浜／北区中之島／中央区北浜

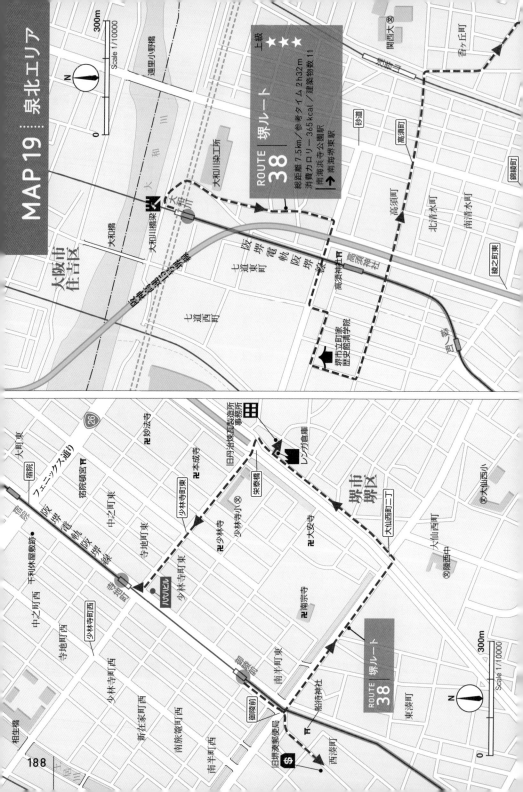

浅香山病院

今池町

大阪刑務所

田出井町

長尾街道

北三国ヶ丘町

三国丘小

中三国ヶ丘町

堺市
堺区

南海電鉄高野線

方違神社

反正天皇陵

けやき通り

旧天王貯水池

三国ヶ丘高校 同窓会館

自然動力フェ GRAN

北田出井町

中田出井町

南田出井町

錦綾小

錦綾町

北庄町

北向陽町

向陽町

北花田口

タカシマヤ

北三国ヶ丘町

浮陵

駅南口

ジョリパ

堺市役所

浜寺小

浜寺諏訪森町東

浜寺諏訪森町中

阪堺電軌阪堺線

浜寺諏訪森駅

南海諏訪ノ森駅

浜寺諏訪森町

諏訪森中

浜寺諏訪森町西

南海電鉄本線

浜寺公園北

堺市
西区

浜寺昭和小

浜寺昭和町

N

300m

0

Scale 1/10000

ROUTE 38 堺ルート

浜寺大橋親柱

浜寺公園

浜寺駅前

南海浜寺公園駅

浜寺公園南

浜寺大橋

浜寺公園署ら連絡所

堺ルート

路面電車から
町の風景を眺めてみよう

南海電鉄の駅舎は古いものがよく残っていて楽しい。駅のまわりには同じ頃に建てられた洋館が残っていて、駅が郊外住宅地の玄関であったことがよくわかる。風光明媚で健康的な住宅地として南海沿線は開発され、その動きは阪神間よりも早かったかも知れない。

南海浜寺公園駅
1907年　辰野片岡建築事務所
堺市西区浜寺公園町2-188

→ 浜寺公園の玄関口

　南海浜寺公園駅は、元は屋根に小塔が載っていたそうだ。装飾分解が進んでいるので片岡かと思ったが、全体に抑制の効いたスタイリッシュな構成なので辰野のペンが相当入っていると思われる。誰もが指摘することだが、正面のボーリングのピンのような柱が特徴だ。珍しい形だが鹿鳴館のバルコニーにも使われていたそうで、内側からこの柱をシルエットで眺めるとなんだか楽しくなってくる。

→ 鬼瓦がお茶目な公園警ら所

　浜寺公園入り口の警ら連絡所が和風なのは、風致的な配慮なのだろう。簡略化されているがコンクリートで和風を上手く再現している。正面右側が出窓風になっているのは後の改造だろう。屋根の鬼瓦の部分が警察のマーク風になっているところが凝っている。

→ 南海は駅舎建築がおもしろい

　南海諏訪ノ森駅は、待合のベンチが素晴しい。左右に柱を立てているが、それが上にいくほど細くなっている。頂部を薄い板で押さえ、その下にはめ込まれた正方形の飾りからリボン状の飾りが垂れている。まぎれもなく19世紀末に流行したセセッションスタイルだ。これほどのものがそのまま残っているのは珍しいだろう。

　堺市は広いため、次の目的地までは少し距離がある。阪堺線船尾駅から御陵前駅まで、路面電車に乗って移動しよう。

→ よくぞ残った木造元郵便局

　御陵前駅から南西にすぐの旧堺湊郵便局は、今日までよく残っていたものだ。下見板貼りの郵便局として貴重な作例である。よく見るとピンクと青と白が見える。何度も塗り重ねられてきたのだろうが、本体は少しもゆるんでいないように見える。元から良い建物であることと、途中で鉄板を屋根にかけたことが老朽化をおさえているようだ。そろそろ修理してあげたいが、まったく新しくしてしまうとおもしろさがなくなってしまう。古さを残した修理は、実は難しい。

堺南警察署 浜寺公園警ら連絡所
1932年　平林亀五郎
堺市西区浜寺公園町2

南海諏訪ノ森駅
1919年　南海電気鉄道
堺市西区浜寺公園町西2-78

旧堺湊郵便局
1933年　大工棟梁　野沢某
堺市堺区西湊町2-3-4

旧丹治煉瓦製造所 事務所(旧永楽家住宅) [4]
明治期　設計者不詳
堺市堺区永代町1丁1-13

レンガ倉庫 [24]
建築年・設計者不詳
堺市堺区永代町1丁2

阪堺電軌阪堺線 大和川橋梁 [22]
1911年　横河橋梁製作所
堺市堺区遠里小野町/大阪市住吉区清水丘

→ レンガのカタログ

　国道26号線沿いに北へ向かったこの場所にはレンガ工場があったそうで、その事務所が残っている。まわりにはレンガの倉庫・塀や洋館などが残っているが、関連のものかも知れない。旧丹治煉瓦製造所事務所の壁の白い部分は、もともと白い化粧レンガなのだと思われる。窓台やアーチの上には丸みを帯びた特製の役物レンガを使っている。事務所自体がレンガのカタログになっているわけだ。玄関欄間の幾何学模様のステンドグラスも美しい。

→ 端正なデザインのレンガ造倉庫

　事務所近くのこのレンガ倉庫もレンガ工場のものかも知れない。壁の足下と上部や隅部などに焼き過ぎレンガを使い、正面のアーチを受ける部分に柱頭のような役物を使った端正なデザインで、側面のアーチ小窓が並ぶ壁面も美しい。小窓の上に眉のようにほんの小さな突起を設けるのは、壁面を流れる雨水の窓への浸入を防ぐ水切りだろう。こうした機能を兼ねたデザインが、単調になりがちな長い壁面を活き活きと見せてくれるのだ。
　ここからは、寺地町駅から大和川駅まで再び阪堺線に乗って移動しよう。

→ 路面電車の赤い鉄橋

　阪堺線大和川駅でなにか古いものはないかと見渡したら、見事な鉄橋（阪堺線大和川橋梁）があった。ラッパ型柱頭がかっこいい。上流側にガス管を併設しているのも変化を与えている。よく見ると円柱は鉄板を曲げてリベットでつないでいる。手作りだったんだ。

→ 寺子屋が営まれた修験道寺院

　阪堺線高須神社駅の西にある堺市立町家歴

堺市立町家歴史館清学院 [21]
江戸時代（1830 － 1867 年）設計者不詳
堺市堺区北旅籠町西１丁3-13

史館清学院は、江戸時代後期の寺子屋遺構である。教育制度は明治になって突然できたわけではなく、その母体となる制度が江戸時代にあったことが分かる。畳の部屋に小さな子供用の座卓が並ぶ様子がほほえましい。土間の壁は、３尺ごとに立つ柱を３尺ごとに貫（横の材）で挿し固めている様子が美しい。近くにある堺市所有の旧山口家住宅も合わせて見学したい。

→ 南欧風スパニッシュ病院

　南海高野線浅香山駅から南へ向かった浅香山病院は、見ての通りの南欧風スパニッシュスタイルだ。特に、白塔と呼ばれる円筒形の塔がすばらしい。こうしたリゾート風のデザインは、阪神間のモダニズムの特徴のようにいわれているが、実は阪和間も同じイメージでさまざまな建築が建てられていたわけだ。高橋幸雄氏は当時の院長で、設計者ではないと思う。

浅香山病院　白塔・西病棟　（旧堺脳病院）
1937 年　（高橋幸雄）
堺市堺区今池町３丁 3-16

→ 堺一の不思議建築

　さらに南へ向かって反正天皇陵南東の旧天王貯水池は、いきなり門だけが建っている。まるで不思議の国のアリスだ。それもローマ風のアーチ門で、門の前に鋳鉄製のハンドルがついているのも意味ありげで楽しい。内部はワイン倉のようなカマボコ天井の美しい建築だ。年に１度でも何かに使ってみればと思う。

旧天王貯水池
1910 年　井上國助、野口廣衞
堺市堺区中三国ヶ丘町３丁

→ インターナショナルの逸品

　旧三丘会館を設計した久野は、ここの卒業生なのだそうだ。円柱に支えられた玄関ポーチや階段室を塔のように扱ったデザイン処理など、インターナショナルスタイルを自在に使いこなす技量はさすがだ。大阪にとって重要な建築家のひとりである。

**大阪府立三国丘高等学校
同窓会館（旧三丘会館）**
1934 年
久野　節建築事務所
堺市堺区南三国ヶ丘町
２丁 2-36

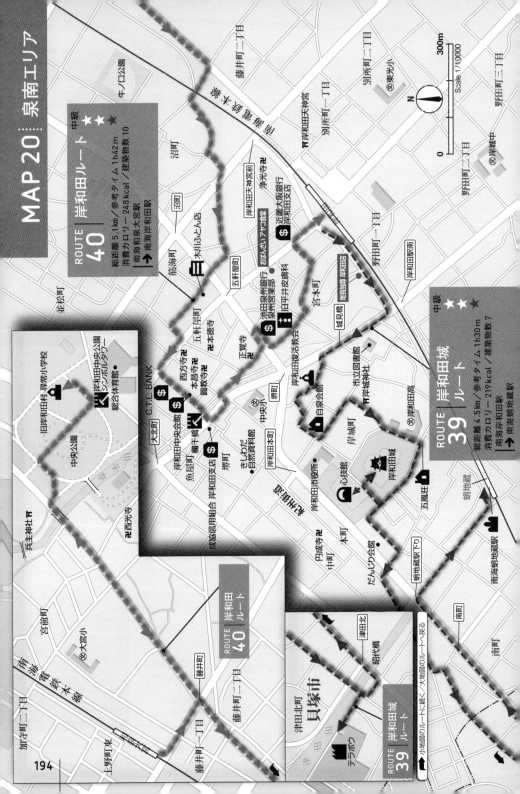

モダン都市を作った繊維産業の興隆

岸和田城ルート

都市の近代化を調べていると、地域経済をリードし、モダン都市を準備したリーダーが必ずいるものだ。大阪なら住友家、神戸なら小寺家、岸和田なら寺田家といったところか。岸和田は堺とならんで江戸時代以来の泉州の経済都市だった。その蓄積が紡績業に投資され、モダン都市を呼び寄せていく。

→ お城のそばの控えめな教会

府道に出て南海線をくぐり、堺町交差点の手前を左に入ったところの岸和田復活教会は、塔がなければ教会だとは気づかないだろう。お城のそばなので控えめなデザインにしたのかも知れない。郊外住宅地のなかに溶け込んだ教会堂は、生活と信仰との距離が近い感じがして良いものだ。

日本聖公会 岸和田復活教会
1921年　設計者不詳
岸和田市岸城町3-4

→ 寺田家が渡辺に依頼したゲストハウス

岸和田復活教会から路地を通ってお城の

岸和田市立自泉会館
1932年　渡辺 節建築事務所
岸和田市岸城町5-10

五風荘（旧寺田家住宅）
1939年　清水組京都支店
岸和田市岸城町18

岸和田城　　　　　　[5]
1954年　池田谷建築事務所
岸和田市岸城町9-1

北側に出ると岸和田市立自泉会館だ。このゲストハウスを建てた寺田甚吉は、岸和田市長だった人物だそうだ。寺田家は岸和田紡績の創業家であり、設計者の渡辺節は1931年に綿業会館（本町・堺筋本町ルート）を完成させているから、その流れで寺田家に招かれたのかも知れない。海に面した丘に建つゲストハウスにふさわしく、控えめなスパニッシュスタイルだ。

→ お城のそばの寺田家邸宅

　お堀に沿って南西に進むとある五風荘は、岸和田市立自泉会館の後で完成した寺田家の邸宅だ。寺田家といっても甚吉とは別家の寺田利吉のものだ。明るい庭園に面した大広間がすがすがしく、これ見よがしなところがないのは寺田家の家風だろうか。

→ 戦後初の復元城

　五風荘の北側の岸和田城は、最初からこうでしたという顔で石垣の上に座っている。よほどの設計者だろうと思ったら、弥栄神社（鶴橋・上六ルート）を設計した池田谷先生だった。さすがだね。天守閣は空襲で焼けたのではなく、江戸時代後期に落雷で焼失し、それ以後ずっとなかったものを1954年に復元した。連合軍による日本占領の解除が1952年だから、本当に独立直後の取り組みだ。

→ 趣深いなまこ壁風の外壁

　心技館は、岸和田城内二の丸に建つ武道場だ。腰壁を土蔵のなまこ壁のような斜め格子模様に仕上げている。なまこ壁は、平瓦を張り付けて継ぎ目を漆喰でふさいだものだ。湿気避けに使われる技法である。心技館がこれをまとうのは、堀際の多湿な場所に建つ櫓を

イメージしたのかも知れない。ここでは瓦ではなく、着色コンクリート平板を使っているように見える。玄関上や屋根の両端にある破風飾りが優雅で美しい。

→ 府下最大級の現存レンガ造工場

　紀州街道を南下して貝塚市に入ってすぐ、海方向にある**テラボウ**は、1912年に創業した寺田紡績のレンガ工場を受け継いでいる。寺田紡績は、2012年にユニチカの子会社となり、翌13年にテラボウと社名変更した。寺田紡績を創設した寺田利吉（1857─1918）は、紡績業のほかに寺田銀行を創設するなど、岸和田を拠点とした大阪を代表する実業家のひとりである。大阪府下のレンガ造りの紡織工場で残っているものは少ない。潮風に風化したレンガ壁が美しい。大阪の近代化を語るうえで貴重な建築である。

→ 必見！蛸のステンドグラス

　ルート最後の**南海蛸地蔵駅**は、敵を追い散らす蛸のステンドグラスが見どころだ。

　戦国時代に、交易拠点として栄えていた岸和田が海上から攻略されかけたとき、無数の蛸に乗った地蔵菩薩が救援したという伝説が残っている。岸和田城から近い天性寺の創建伝説だが、無数の蛸で海が満たされ敵が殲滅する光景が中世的でわたしは好きだ。わたしはその絵を天守閣で見せてもらったが、ここのステンドグラスはその絵がモデルになっている。

岸和田市民道場心技館
1961年　設計者不詳
岸和田市岸城町7-20

テラボウ（旧寺田紡績）
1912年　設計者不詳
貝塚市津田南町28-55

南海蛸地蔵駅
1914年頃　南海電気鉄道
岸和田市岸城町16-1

40

岸和田ルート

近代建築はメインストリートに集まってくる

岸　和田は古い町並みがよく残っている。建物を大事に使う伝統とそれを支える技術が根付いているからだろう。C.T.L.BANKや成協信用組合のある紀州街道が、だんじり祭りにも使われる岸和田のメインストリートのひとつだ。市街地の旧街道は近世のままの道幅であることが多く近代建築も多い。

岸和田中央公園シンボルタワー　　　　[21]
1916年　設計者不詳
岸和田市宮本町1

→ 今にも飛び立ちそうな軽やかさ

　岸和田の市街地をまわる前に、中央公園の建物を見ておこう。公園内南側にある岸和田中央公園シンボルタワーは、飛び立つ鳥を思わせるしなやかな造形だ。内側には、モザイクタイルを使って美しい文様が描き出されているのも興味深い。1960－70年代の公共施設のタイル壁画作品は、顧みられることもなく解体されることが多い。宇宙を思わせるこの壁画は動きがあって力強く、当時のタイル壁画のレベルの高さを教えてくれる。

→ 明治期木造学校建築

　シンボルタワーの北東すぐの旧岸和田村尋常小学校校舎は、元は岸和田城の近くにあったというが、よく残ったものだ。1974年に市立図書館建設のため解体、部材保存され、1983年にこの場所で復元された。地元の粘り強い保存運動の結果である。入母屋造りの屋根に千鳥破風の玄関を付け、後ろには回廊型の庇を設けているが、元はもう少し左右に長かったのかも知れない。丁寧な軒下の納まりなど見ていると、確かな木造文化が根付いていることを感じる。

旧岸和田村 尋常小学校 校舎
1903年　浦田栄吉、浦田甚之右エ門
岸和田市西之内町42-35

→ 岸和田商家の典型

　南海線沿いに岸和田駅の北側に向い、府道筋海町の交差点から北へすぐの木川ふとん店は、ファサードの1階が変わっているが岸和田の商家の典型といえよう。塗りごめ造りなのは都市防火のためだ。軒先までしっくいで固められている。特徴的なのは屋根の四隅に取り付けられた持ち送りの装飾だ。優美な波形で飾られていて、この部分が1軒づつ違うところがおもしろい。

木川ふとん店（旧木川製綿所）
1940年頃　清水組
岸和田市筋海町14-16

→ 寺田家が渡辺に依頼した銀行建築

　紀州街道沿いのC.T.L.BANKは、元は和泉銀行本店だ。寺田家の起こした銀行で、岸和田市立自泉会館に続いて渡辺事務所が設計した。内部は公開されていないが当時のままで、とても珍しいイルカの柱頭飾りがある。イルカといっても海獣のそれで、中世海賊の使うような海図に描かれているものだ。この町が海との関わりで成り立っていることを示しているのだと思う。

C.T.L. BANK（旧和泉銀行本店）
1933年　渡辺建築事務所
岸和田市北町14-3

→ 街道沿いの小さなクラシックビル

次の岸和田中央会館は、紀州街道に面して3つのアーチを架けるスクラッチタイル貼りのクラシックビルだ。玄関まわりの砂岩の仕事が本格派だが、元はアーチ部分も窓だったのだろう。おもしろいのはアーチ上部のタイルの貼り方で、先を尖らせたポインテッドアーチになっている。初めて見たが、珍しいと思うし、ちょっと不思議だ。

岸和田中央会館
1978年　設計者不詳
岸和田市西之内町42-35

→ 岸和田城への表玄関

紀州街道と府道の交差点手前の欄干橋（らんかんばし）は、名前もおもしろいが、その造形も不思議だ。真ん中にある錆びた円筒はいったいなにか。後ろにフタがあって、横には何かが取り付いていたらしい穴が残っている。もうおわかりだろうか。これは照明塔なんだと思う。ここは紀州街道で、この橋がお城への表玄関に当たるのだろう。どんな照明がついていたのかおよそ見当がつくが、なぜそれだけなくなっているのかが謎だ。

欄干橋（らんかんばし）
1936年　設計者不詳
岸和田市北町

→ 片岡風セセッションスタイル

欄干橋前の成協信用組合岸和田支店は、元は四十三銀行岸和田支店だった。片岡安（かたおかやすし）を思わせるセセッションスタイルだなと思ったら、佐伯與之吉（さえきよのきち）は片岡の弟子だそうだ。窓の間の楕円形模様や軒下に目玉のような円形がならぶところなど、片岡に似た装飾分解だ。普通は下部に入れる横ラインを、上部に2本入れて化粧レンガ壁をすらっと下へ流すあたり粋なデザインといえよう。片岡は弟子をたくさん育てたことでも評価されて良いと思う。よくわからないのは建物の右端が白いこと。なぜここだけデザインが違うのか。通りに面して紅白揃えたかったのかも知れない。

成協信用組合 岸和田支店
（旧四十三銀行 岸和田支店）
1920年　佐伯建築事務所、福田 肇、川床秀吉
岸和田市魚屋町2-1

→ 石貼りが美しい村野作品

村野の作品である池田泉州銀行泉州営業部は、石貼りの壁がテキスタイルのように美しい。歩道側の窓の面格子の錆びた鉄も美しい。さらに、壁石の目地まわりだけ表面を削っているのは、目地を合わせやすくするためだろう。さすがに細かいところに気を配っている。玄関脇のヤギの柱が楽しいが、なぜヤギなのか謎めいている。やはり村野はディテールがおもしろい。

池田泉州銀行 泉州営業部　　　　[8]
(旧泉州銀行 本店)
1959年　村野藤吾
岸和田市宮本町26-15

→ ジャズ系建築の飛び火

南海岸和田駅へ向かう商店街角の旧平井皮膚科は、コーナーの横長窓とその下の円窓の組み合わせはインターナショナルスタイルだし、2階右端の花窓はスパニッシュだ。さまざまなモチーフをわざと混ぜて散りばめるジャズ系建築と見てよかろう。雨戸の戸袋を白くせずに窓枠と同じ色にすればもっとわかりやすくなるだろう。

旧平井皮膚科
1940年以前　地元の大工
岸和田市宮本町25-6

→ 商店街にひっそりと建つ本格派

岸和田駅前通商店街のアーケードに近畿大阪銀行岸和田支店はある。後からの改造で1階の窓を減らしたのだと思う。本来はもっと明るく快活な建物だったと思って見てほしい。玄関上に渦巻き型の持ち送りで支えたバルコニーを張り出し、その上にふたつの壺を置いている。その上の窓の両脇に飾りを置くところなど、さりげないが本格派の端正なクラシック系ビルだ。

近畿大阪銀行 岸和田支店
1929年以降　設計者不詳
岸和田市宮本町2-5

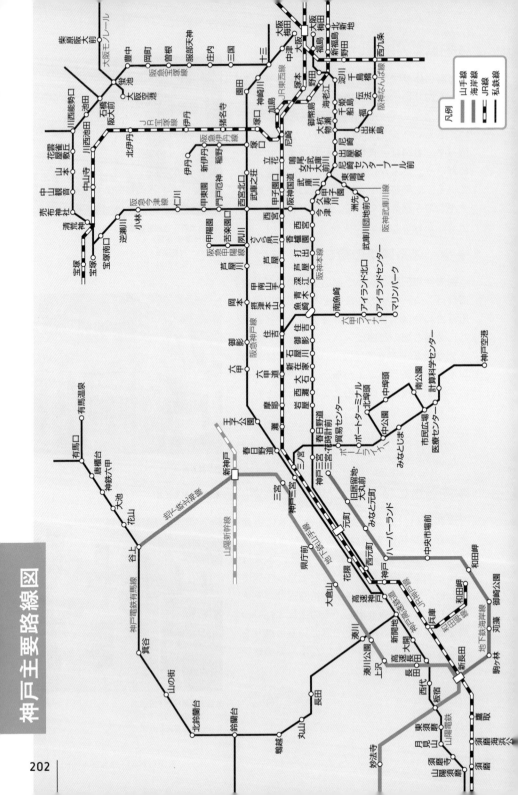

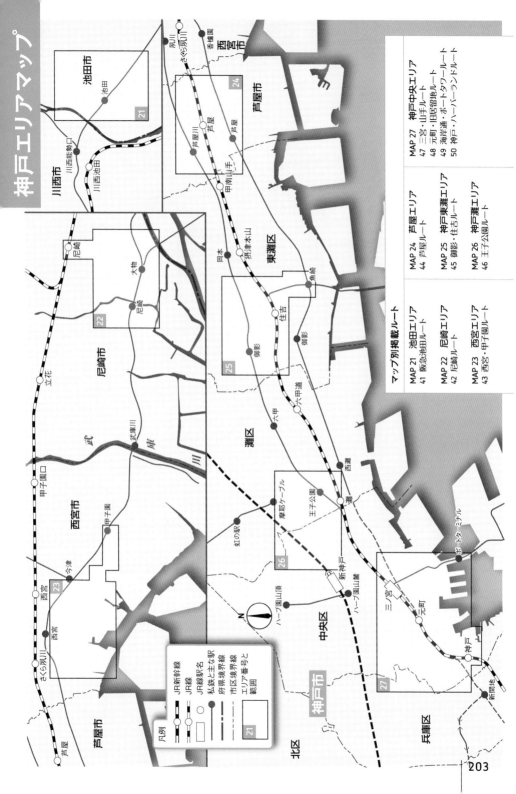

神戸エリアマップ

凡例
JR新幹線
JR線
JR線駅名
私鉄と主な駅
私鉄線名
府県境界線
市区境界線
エリア番号と
範囲

N

池田市
池田
21

川西市
川西能勢口
川西池田

西宮市
苦楽園
さくら夙川
夙川

芦屋市
芦屋
芦屋川
芦屋
甲南山手
24

尼崎市
尼崎
尼崎
大物
尼崎
22

東灘区
岡本
摂津本山
魚崎
住吉
御影
御影
六甲道
25

西宮市
甲子園口
甲子園
今津
西宮
西宮
さくら夙川
23

武庫川

灘区
六甲
西灘
灘
摩耶ケーブル
王子公園
26
虹の駅

中央区
新神戸
ハーブ園山頂
ハーブ園山麓
三ノ宮
元町
神戸
ポートターミナル

兵庫区
新開地

203

阪急池田ルート

大阪最大の謎は池田泉州銀行の外壁だ

見てわかることと見てもわからないこととがある。このルートにはそれが3つもあった。レンガ造と思ったら木造だったり、木造と思ったら鉄筋コンクリート造だったり、ルートの最後に出てくる建物の外壁のモルタル成形板は最大の謎で、ひょっとしたら型枠代わりに使ったのかも知れない。そうであれば竣工時には時流遅れとも思われる新古典主義を採用したのも、この工法ではこんなこともできるというデモンストレーションだったと理解できる。

→ 絶品の釉薬スクラッチタイル

当ルートは、大阪府北西部池田市の建築を巡る。阪急池田から栄町商店街を北へ向ったNTT西日本池田ビルは、よくできたモダンビルだ。外壁は美しい釉薬スクラッチタイルで、目地をよく見ると縦目地をタイルと同色に仕上げている。行き届いた配慮だ。上手く復元してあげれば光る建築だと思う。

NTT西日本池田ビル
(旧いとや百貨店)
1930年　設計者不詳
池田市栄本町1-8

呉春酒造 [24]
建築年・設計者不詳
池田市綾羽1-2-2

河村商店 (旧加島銀行 池田支店)
1918年　辰野片岡建築事務所
池田市栄本町8-7

いけだピアまるセンター
(旧池田実業銀行 本店)
1925年　小笠原 銅、上田喜三郎
池田市新町2-14

→ 呉服の里の酒蔵

　さらに北へ向かうと池田の銘酒呉春酒造だ。醸造業のある町は江戸時代にすでに都市化していた場所だ。交易で蓄積された富を醸造業に投資したからだ。呉春というのは池田に住んだことのある江戸時代の画家の名前だ。アートも財貨と同様、全国の都市間をダイナミックに行き来する。ここ池田もそうした場所だったのだろう。

→ 保存状態良好の片岡作品

　河村商店は、大阪の両替商加島屋（NHKの朝ドラ「あさが来た」では加野屋）が起こした銀行の建物だった。見た目はレンガなので、わたしはてっきりレンガ造だと思っていたが木造だそうだ。デザインは見ての通りの片岡式だ。装飾分解がいい具合に進んでいながら、ウイーン分離派風のプロポーションを残している。左端の腰折れ屋根はドイツ風に見え、ユーゲントシュティールの画家フォーゲラーの絵に出てきそうだ。玄関庇の持ち送りや、旗さお受けのアイアンワークは見逃せない。庇まわりは傷みやすいので、残っているのは珍しい。建物全体のメンテナンスも良く、よほど大切に使われてきたのだろう。

→ ちょっと不思議な正統クラシックビル

　西本町交差点から能勢街道を北へ向かった旧池田実業銀行本店は、なにかが足りない気がする。正統なクラシックビルなのだが、どこか物足りないのはなぜか。サッシを替えると同時にタイルも貼り直したようだが、丁寧な改修なのでそれは問題ない。なにかが抜けたのはずいぶん前のことなのか、それともわたしの思い過ごしで元からこうだったのか。ちょっと不思議な感じがする建物だ。

→ 村野風の不思議な平面計画

池田城山町交差点から南へ、逸翁美術館の手前にある阪急学園池田文庫は、円を組み合わせた不思議な平面をしている村野藤吾風の建築だ。輪を３つ重ねた玄関の飾り窓もおもしろいが、こういう飾り窓こそ村野風の遊びだ。遊びだとすれば、この形に意味があるはずだがそれがわからない。とりあえず謎ということで。

→ 見ておきたい小林一三の洋館

池田回生病院の東には、阪急電車の創始者小林一三の自邸「雅俗山荘」が記念館として公開されている。ハーフチンバー風の洋館でヴォーリズを思い出したが、よく見ると窓の建具がスチールサッシだ。木造にスチールとは珍しいと思って資料を見直したら鉄筋コンクリート造だった。

→ 大阪最大の謎、驚きの左官仕事

阪急宝塚線に向かって南へ戻った国道176号線の交差点に面した池田泉州銀行池田営業部は、驚くことに石に見える部分のほとんどが左官仕事だ。近寄って目をこらして初めてわかったが、列柱の柱身もモルタル成形なのだ。遠すぎて判然としないが、ひょっとするとコリント式の柱頭飾りもモルタル成形なのかも知れない。玄関まわりだけ大理石なのだがモルタル成形から大理石へのつながりがあまりに自然なので、ファサード全体が石貼りかと思ってしまう。さすが石本喜久治だが、どうしてここまでしたのだろう。

阪急学園 池田文庫 [23]
1983年　竹中工務店
池田市栄本町 12 -1

小林一三記念館（旧雅俗山荘）
1937年　小林利助、大井弥治郎
池田市建石町 7 -17

池田泉州銀行 池田営業部（旧池田銀行 本店）
1952年　石本建築設計事務所
池田市城南 2 -16 -16

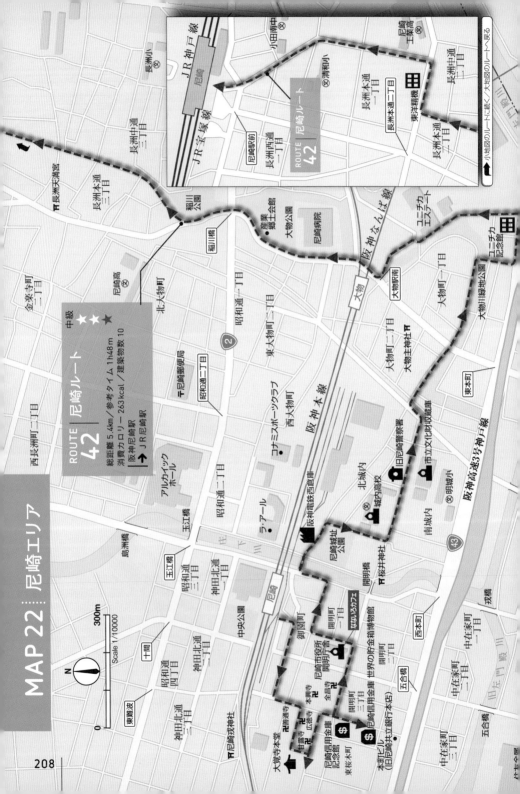

室戸台風と小学校校舎の密接な関係とは何か

尼崎ルート

阪　神尼崎駅前に、1934年の室戸台風時の浸水レベルを示すポールがある。ほぼ1階が水没し2階の床上まで達する水位に驚く。この台風は強風、洪水、浸水を引き起こし、小学校の木造校舎に大きな被害を与えた。この後、耐震耐風木構造が考案されるほか、校舎の鉄筋コンクリート化が進んだ。地域によってデザインは変わるが、コンクリート校舎には再び台風の被害を出すまいという地域の思いがこめられている。

→ 伝統的寺社建築の忠実な復元

　兵庫県最初のルートは阪神尼崎駅の南側からスタートだ。駅から南西へほどなくの大覚寺本堂の屋根は現在ステンレス葺きのようだが、元は銅葺きだったのではないかと思う。伝統的な木造の木組みをコンクリートで忠実に復元している。見どころは正面階段上の向拝虹梁の花模様で、流水にかきつばたのような花が浮いている。渋谷五郎は大阪工業大学の先生で、本書では芝川ビル（北船場ルー

大覚寺 本堂
1938年　渋谷五郎
尼崎市寺町

尼崎信用金庫 記念館
（旧尼崎信用組合本店事務所）
1897年頃　設計者不詳
尼崎市東桜木町7

尼崎信用金庫 世界の貯金箱博物館
（旧尼崎信用金庫 本店）
1930年　古塚正治
尼崎市西本町北通3-93

尼崎市役所 開明庁舎（旧開明小学校）
1937年　設計者不詳
尼崎市開明町2-1-1

ト）や雲雷寺（今里・谷町ルート）の設計者
として登場している。

→ 尼信発祥のレンガ造事務所

　尼崎信用金庫記念館は、信用組合の初代組
合長の小森純一の建物だったものを尼崎信用
組合設立時に事務所として使ったそうだ。
1972年の本店建て替えに当たって50メート
ル北へ移動させたというから曳き家したのだ
ろうか。レンガの大きさが不揃いで焼きむら
も大きく、それがかえってタペストリーのよ
うな美しさを生んでいる。

→ 2代目尼信モダン本店

　尼崎信用金庫記念館の南の世界の貯金箱博
物館は、レンガ事務所に代わって建てられた
旧本店建物だ。古塚正治は、宝塚ホテル、六
甲山ホテル、多聞ビルなどの設計者として知
られる早大出身の建築家で、西宮で建築事務
所を開いていた。古い写真を見れば窓は横桟
の多いタイプで、今見るよりも軽やかな印象
のモダンビルだったようだ。

→ 船のようなインターナショナル校舎

　尼崎市役所開明庁舎は旧開明小学校校舎の
再利用で、道路に面した東面がメインのファ
サードだ。その南端に船のブリッジのような
半円形の張り出しがあり、まるで航海に出よ
うとする船のようだ。サッシが変わってもな
おインターナショナルスタイルの清々しさを
感じさせる。

→ レンガ造の存在感

いったん阪神尼崎駅方向に戻ると、線路端に阪神電鉄資材部西倉庫が、真ん中の壁を共有して2棟並んでいる。もしどちらかが増築だとすれば、背の高い南側が後だろう。その南棟のレンガ壁が道路側なので間近で眺められる。あっさりとしたモダンなデザインで、レンガ壁特有のタペストリーのような美しさだ。窓が上中下の3段あってそれぞれデザインを変えている。もっとも興味深いのは最下段の小窓で、窓上が水平なのにレンガは扇形に積んでいるのがおもしろい。

阪神電鉄 資材部西倉庫
(旧阪神電鉄 尼崎発電所)
1905年以前　設計者不詳
尼崎市北城内116

→ 台風を教訓としたコンクリート学舎

尼崎城跡の東側を抜けた尼崎市立城内高校は、大阪市の学校建築が分離派的なものなのと好対照に端正なモダン建築だ。阪神間の小学校校舎は1934年の室戸台風で被害を受けた。そのため小学校の鉄筋コンクリート化は加速され、各地域の特色を出した建築が生まれた。先に見た旧開明小学校と同じく、ここもその作例のひとつである。

尼崎市立城内高等学校
1937年　尼崎市営繕課
尼崎市北城内47-2

→ 装飾が楽しげな元警察署

尼崎市立城内高校のとなりの旧尼崎警察署は、置塩章が兵庫県庁に勤めていたころの作品だ。クラシックビルなんだけど装飾分解が極度に進んでいて、入り口まわりの装飾や、その上の縦ラインと窓の組み合わせ、頂部のエンブレムなど楽しげだ。玄関脇の花鉢も当時のものだろうけどなかなか良くできている。

旧尼崎警察署　　　　　　　　　　　[23]
1926年　兵庫県営繕課(置塩 章)
尼崎市北城内48-4

尼崎市立文化財収蔵庫 [21]
（旧尼崎市立高等女学校）
東側1933年、西側1938年　設計者不詳
尼崎市南城内10-2

ユニチカ記念館（旧尼崎紡績会社 本社事務所）
1900年　設計者不詳
尼崎市東本町1-50

東洋精機 本館事務所
1941年　古塚正治
尼崎市長洲本通1-14-37

→ 玄関まわりが華やかな健康的学舎

　旧尼崎警察署の向かいの尼崎市立文化財収蔵庫は、尼崎市立高等女学校として建てられた。ロの字型プランで、東側が1933年、西側が1938年に完成している。現在は歴史資料の展示施設として部分的に公開されているが、内部もほぼそのまま残っている。大きく明るい窓を連ねるのは、明るく健康的な建築を目指したからだろう。玄関ポーチと飾り窓、その上の縦長窓の組み合わせは、先にみた尼崎市立城内高校と共通している。

→ 連窓アーチが美しいレンガ造

　国道43号線が左門殿川を渡る辰巳橋の手前のユニチカ記念館は、尼崎紡績の事務所棟として建てられた。南側正面はイギリス積みの美しいレンガ壁に1、2階ともほぼ同型のアーチ窓を並べているが、左右非対称なのは中世主義風だ。よく見ると、内部に合わせて窓の間隔を自由に変えており、よほど手慣れた建築家の手によることがわかる。極力屋根を見せないデザインはモダンビル的だ。

→ 繊細で優美な木造事務所

　ルートゴールのJR尼崎駅に向け北へ向かう。阪神なんば線と本線をくぐり、国道2号線を越えたら三叉路を右へ、道なりに北へ進むと東洋精機だ。本館事務所は、木造だけど屋根を低く抑え、コンクリートのモダンビルの雰囲気を出そうとしている。宝塚ホテルを見ても思うのだが、この建築家は窓割りがおもしろい。ここでは横桟の多い窓の上に欄間を設けているが、そこへ極細の桟を十字に入れている。横桟が水平を強調することで、すでに軽やかな印象を与えているが、欄間の細十字によって、さらに繊細で優美な建築に仕上っている。

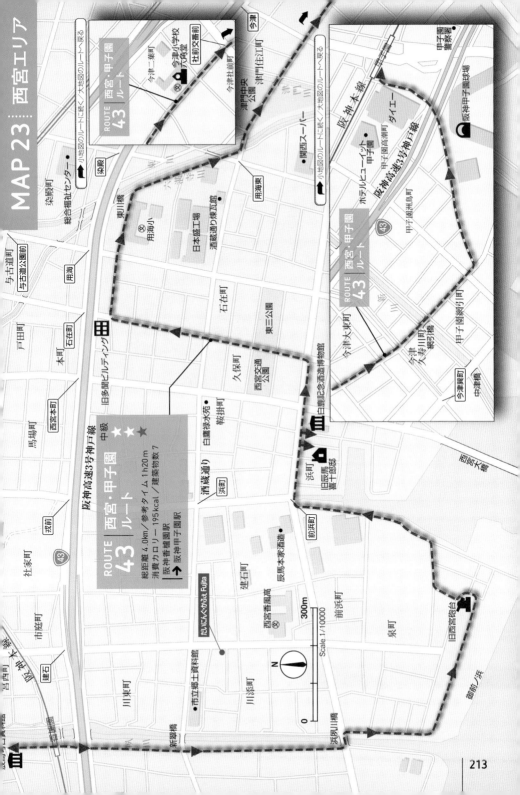

MAP 23 :::::: 西宮エリア

阪神高速3号神戸線

ROUTE 43 | 西宮・甲子園 | ルート　中級 ★★☆

総距離 4.0km／参考タイム 1h20m
消費カロリー 195kcal／建築物数 7
→ 阪神甲子園駅

小地図のルートに続く／大地図のルートへ戻る

小地図のルートに続く／大地図のルートへ戻る

ROUTE 43 | 西宮・甲子園 | ルート

ROUTE 43 | 西宮・甲子園 | ルート

Scale 1/10000

300m

N

0

西宮・甲子園ルート

150年前の最新鋭砲台はおもしろ過ぎる

西宮砲台がこれほどおもしろいものだったかと見直した。ここは異国船打払令（1825年）に基づいて作られた軍事拠点だから内陸部をにらむ必要はなかろう。なのに砲眼がぐるりと四周をにらんでいる。このチグハグさがおもしろい。完成して試射したところ、煙が内にこもって2発目を打つまで時間がかかることが判明したという。平和な時代の軍事施設である。

辰馬考古資料館 [21]
1977年　東畑健三
西宮市松下町2-28

→ 粋な民家風和風モダニズム

阪神香櫨園駅から北へすぐの辰馬考古資料館は、清酒「白鷹」の醸造元である辰馬家の私設博物館だ。灘の酒造家は学校や美術館などまちづくりに積極的に関わっている。この建物は戦後モダニズムだが、このころのモダニズムは和風を意識していることが特徴だろう。ここでは卯建を上げた奈良地方の民家形式に似せており、棟には煙出しのようなものが付いている。

→ チグハグさが平和な軍事施設

　夙川沿いに南下して、御前浜公園東端の旧西宮砲台は、わたしが中学生のころは漆喰壁がほぼ落ちて石積みがむき出しだった。落ちた石材があたりに転がっていて、地元では「荒れ砲台」と呼んでいた。むろん「荒れ放題」の洒落である。内部が焼けたようにまっ黒になっていたのは空襲で焼けたからと思っていたが、明治になってからの失火で焼失したと今回の取材で知った。

旧西宮砲台
1866年　設計者不詳
西宮市西波止町字西波止5374

→ 白いバルコニーの本格洋館

　旧辰馬喜十郎邸は、神戸の英国領事館を模したという洋館だ。バルコニーまわりには木彫りとコテ絵で細かい装飾を取り付けていて、細身の円柱の並ぶ白いバルコニーはすっきりとしていて気持ちが良い。玄関扉の上のアーチ型の欄間が日の出の模様に見えるのがおもしろい。ちなみに向かいのレンガ造りの蔵は、緑色の光沢を帯びたレンガが美しく、フランス積みなのも珍しい。

旧辰馬喜十郎邸
1888年　山下某
西宮市浜町8-5

→ 独特の落ち着きある存在感

　現代建築でいいなと思うものが少ないわたしだが、この白鹿記念酒造博物館はいい。少し黒っぽいレンガタイルの表情とあっさりとした造形とがよく響き合っている。タイル目地を黒くして深目地にしたおかげで落ち着いた建築に仕上がっている。

白鹿記念酒造博物館　　　　　　[23]
1982年　大林組
西宮市鞍掛町8-21

旧多聞ビルディング
1928年　古塚正治
西宮市久保町 2-1

今津小学校 六角堂
1882年　設計者不詳
西宮市今津二葉町4

阪神甲子園球場
1924年　野田誠三
西宮市甲子園町1-82

→ 見所満載の本格新古典主義建築

　国道43号線手前の旧多聞ビルディングは、清酒「多聞」の醸造元である八馬家の興した八馬汽船の本社で、古塚正治の作品である。旧尼崎信用金庫本店（尼崎ルート）はモダンスタイルだったが、こちらは完璧な新古典主義建築である。海側が正面だと思うが、派手なコリント式の列柱の玄関ポーチがあり、三角破風のペディメントを載せた入り口がある。東面の列柱まわりも見どころだ。

→ 建築と地域住民の信頼関係

　今津小学校六角堂は、室戸台風やジェーン台風、東南海地震や空襲、さらには阪神大震災まで経験し、ことごとく乗り越えてきたまさにグレートサバイバーだ。小学校建築は、地域住民にとって危機管理上の重要拠点で、それが災害に対して滅法強いということはどれだけ頼もしいことか。最後の危機だった建て替え問題は、地域住民の保存運動によって残すことが決まった。地域を守ってきた建物を、今度は地域が守ったのである。

→ 高校球児の憧れ

　ルート最後の阪神甲子園球場は、外装が変わっているがシルエットはそのままだ。モダン都市建設のころの阪神間の住宅地は○○園という名前がつけられることが多かったが、ここ甲子園もそうした郊外住宅地のひとつで、路面電車が走り海水浴場からホテルまで各種の都市施設が備わっていた。

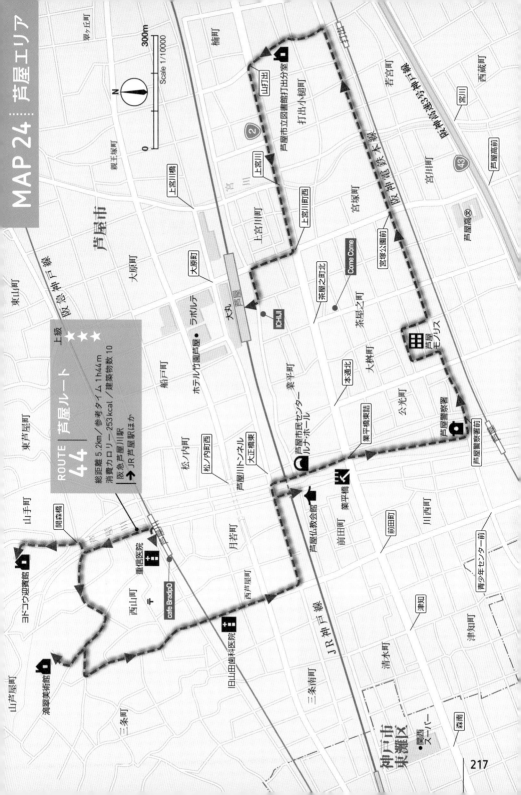

MAP 24 芦屋エリア

翠ヶ丘町

Scale 1/10000

300m

N

楠町

西蔵町

山打出

芦屋市立図書館打出分室

打出小槌町

宮川

吾妻町

宮川町

阪神高速3号神戸線

芦屋高前

2

上宮川

上宮川橋

芦屋市

宮川

上宮川町西

宮塚町

大原町

上宮川町

宮塚公園前

芦屋高⊗

43

大原町

大丸芦屋

Come Come

阪神電鉄本線

茶屋之町北

ICHIJI

茶屋之町

船戸町

ホテル竹園芦屋

ラポルテ

業平町

本通北

大桝町

芦屋モノリス

ROUTE 芦屋ルート
44

上級 ★★★

芦屋ルート

総距離 5.2km／参考タイム 1h44m
消費カロリー 253 kcal／建築物数 10
阪急芦屋川駅
→ JR芦屋駅ほか

芦屋市民センタールナ・ホール

業平橋東話

公光町

芦屋警察署

松ノ内町西

松ノ内町

芦屋川トンネル

大正橋東

業平橋東

芦屋警察署前

東山町

山手町

開森橋

東芦屋町

前田町

川西町

月若町

前田町

芦屋川

芦屋仏教会館

業平橋

ヨドコウ迎賓館

重信医院

cafe BradipO

西山町

西芦屋町

青少年センター前

旧山田歯科医院

〒

津知

津知町

滴翠美術館

JR 神戸線

三条南町

清水町

神戸市
東灘区

山芦屋町

三条町

関西
スーパー

森南

森南

関西

芦屋ルート

建築と自然との一体感
ライトの精神世界体験

ライトの作品は自然との一体感を大事にするものが多い。もともと日本びいき
で知られているが、おそらく東洋的な自然に寄り添った精神世界に対するあ
こがれがあるのだろう。樹林に埋もれるように建つこの建築を見ているとそれがよ
くわかる。

重信医院
1926年　林
芦屋市西山町11-3

→ 山小屋風現役医院

　阪急芦屋川駅北口すぐの重信医院は駅前の
洋館で、大切に使われてきたことがよくわか
る今も現役の医院だ。スイスにでもありそう
な山小屋風のデザインである。玄関ポーチの
ボーダータイルを飾り貼りにした柱や、欄間
のステンドグラスなど見所が多い。窓や屋根
も竣工当時のままだろう。塀のスクラッチタ
イルが珍しい。

→ 内部も必見。F.L.ライトの精神世界

　芦屋川沿いに北へ向かい、開森橋を渡ってさらに北のヨドコウ迎賓館は、清酒「桜正宗」の醸造元である山邑家の邸宅として建てられたライトの作品である。斜面を昇っていくように建てられている。外壁から屋上を飾る独特の装飾は、メキシコの古代文明マヤの遺跡から着想している。内部は日本建築の良さを応用しており、いたるところに風抜き穴がある。道路側からは何も見えないので、公開日を確認して内部もぜひ見学してほしい。

→ 安井のデコ風モダニズム住宅

　再び開森橋で芦屋川を渡り、西方向にある滴翠美術館は、大阪のガスビルを作ったころの安井武雄の作品で、山口財閥の山口吉郎兵衛の邸宅として建てられた。戦後、蒐集された美術品とともに美術館として公開されたアールデコ風のモダニズム建築だ。瓦屋根を載せたのは周辺環境への配慮だろう。芦屋川をはさんで旧山邑邸と向き合っている。

→ 大正期郊外住宅の典型

　滴翠美術館から南へ向かい、阪急神戸線を越えたところの旧山田歯科医院は、大正時代の郊外住宅の典形だ。アーチになった玄関ポーチまわりなど、今でも設計の参考になる。屋根は元も瓦屋根だったかも知れない。おもしろいのは窓の上にモルタルで小庇を作っているところで、これも大正期の手法だ。

ヨドコウ迎賓館（旧山邑邸）
1924年　F.L.ライト、遠藤 新、南 新
芦屋市山手町3-10

滴翠美術館（旧山口吉郎兵衛邸）
1933年　安井武雄
芦屋市山芦屋町13-3

旧山田歯科医院
1924年　久保田工務所
芦屋市西芦屋町7-3

芦屋仏教会館
1927年　片岡安
芦屋市前田町1-5

芦屋市民センター ルナ・ホール　　　[10]
1970年　坂倉建築研究所大阪事務所
芦屋市業平町8-24

業平橋
1925年　設計者不詳
芦屋市前田町1/業平町8

→ 阪神大震災に耐えた免震構造

芦屋川沿いにJR神戸線を越えたところにある芦屋仏教会館は、芦屋に住んでいた丸紅の創業者伊藤長兵衛の建てた会館だ。片岡安にしてはあっさりとした設計で珍しい。サッシは取り替えられているが、内外部ともほぼそのまま大切にお使いになっている。驚くことに免震構造になっているそうだが、阪神大震災でそれがどう働いたのか興味がある。

→ 坂倉のセンスが光る

芦屋川をはさんで向かいのルナ・ホールは、コンクリート打ち放しの壁が美しい。今は表面を塗装しているが、ほとんど打ち放しの雰囲気のままだ。なかなかこうは改修できない。ホールという用途上、コンクリートの大きな箱になるわけだが、打ち放しのテクスチャーと表面に取り付けられたコンクリートのリブが圧迫感を消してくれている。坂倉準三はフランスでコルビュジェに弟子入りした戦後モダニズムのリーダーのひとりである。

→ 都市部街路の復元例

国道2号線が芦屋川に架かるのが業平橋だ。阪神国道事務所は順番に橋を復元していて、だんだん楽しくなってきている。戦時中の金属供出で街路施設は照明や欄干などを失い、戦後ほとんど復元されてこなかった。元来都市部の街路はもっと楽しげなものだったのだ。

→ フクロウが見張り番

　さらに芦屋川沿いを南下して、阪神芦屋駅に近い芦屋警察署を見よう。ここは、ともかく玄関のフクロウがかわいい。夜も見張っているといいたいのかも知れないが、かわいすぎる。その上のアーチ窓と縦ラインの組み合わせは、表現主義的なおもしろさがある。さらに、玄関の緑色の大判布目タイルが美しく、復元したものだろうが、玄関扉は真ちゅう板を上手く使ったデザインで、まるでウイーン分離派のように華やかだ。

芦屋警察署
1927年　兵庫県営繕課
芦屋市公光町6-7

→ 元電話局の幸せなジョブチェンジ

　芦屋警察署から東方向にある芦屋モノリスは、元電話局の建物を結婚式場に転用している。アーチを連ねた回廊風のデザインが素晴らしく、スチールサッシもそのまま残っている。アルミと違ってスチールはやはり細身でかっこいい。外装は焼きむらのあるスクラッチタイルで、所どころ模様貼りにしている。ここも阪神大震災でびくともしなかったそうだ。上浪朗は逓信省営繕の建築家である。

芦屋モノリス（旧芦屋郵便局 電話事務室）
1929年　上浪 朗
芦屋市大桝町5-23

→ 詳細不明の謎の建築

　阪神打出駅前交差点を左折してすぐの芦屋市立図書館打出分室は、兵庫県教育委員会の資料では石造りとなっているが、わたしにはレンガ造りに石を貼っているように見える。元は松山与兵衛邸で、戦後図書館に改造したということだ。旧逸見銀行の建物ともいわれているがよくわからない。

芦屋市立図書館 打出分室
1930年　設計者不詳
芦屋市打出小槌町15-9

用語解説

ライト…有機的な建築を提唱したアメリカの建築家で、日本の旧帝国ホテルの設計者

コルビュジェ…近代合理主義建築を代表するヨーロッパの建築家で、国立西洋美術館（東京上野）の設計者

ウイーン分離派…19世紀末にウイーンで始まった近代芸術運動で、クリムトや建築家のオットー・ワグナーが有名

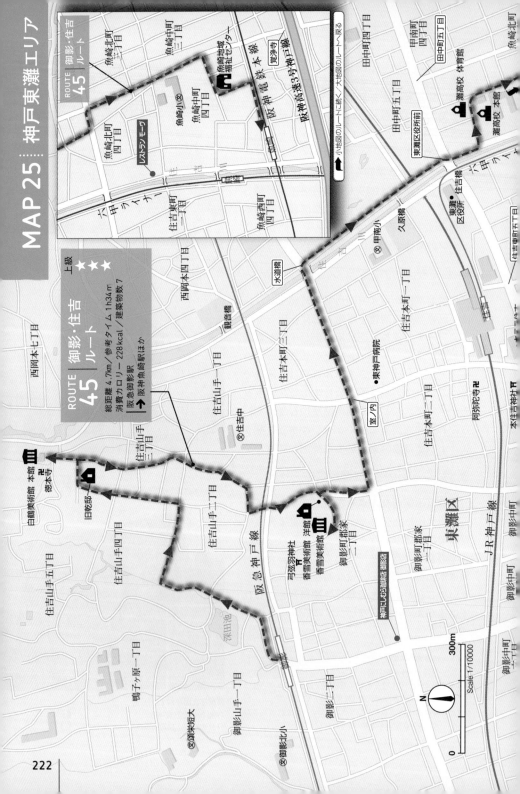

地元民によって名建築は守られている

御影・住吉ルート

本ルートに新たに付け加えた旧乾邸は、地元が核となった6年ごしの保存運動の結果、2008年に神戸市指定有形文化財となり保存が決まった。現在は神戸市の所有で、地元団体の一般財団法人住吉学園が管理している。掃除や草引きなど地道な日常管理から見学会案内役まで黙々とこなしてらっしゃるのには頭が下がる。地元のかたが楽しくお使いになれるようになれば名建築も本望であろう。

→ 阪神間モダニズムの傑作

阪急御影駅から北東に進んだ山麓部にある旧乾邸は、乾汽船の社主・乾家の住宅。見かけはスパニッシュコロニアル様式の邸宅だが、内部の半分弱は和室である。会社の迎賓館であるとともに、乾家家族の生活を支える良質な住宅でもある。玄関ポーチのタイル貼りの天井や、パーティ会場ともなる吹き抜けのゲストルームなど見どころ多数。定期的に公開している（要予約）。

旧乾邸 [3]
1936年頃　渡辺 節
神戸市東灘区住吉山手5丁目1-30

白鶴美術館 本館　[21]
1934年　竹中工務店（鷲尾九郎、小林三造）
神戸市東灘区住吉山手6-1-1

→ 純和風コンクリート造の美術館

　旧乾邸からさらに北へ向かった住吉川沿いの白鶴美術館本館は、清酒「白鶴」の醸造元である嘉納家の私設美術館として建てられた。竹中工務店設計部の建築家鷲尾九郎と小林三造の作品で、コンクリートで純和風を表現している。小林は和風洋風など多くの住宅作品で知られ、名古屋の揚輝荘「聴松閣」は特に有名だ。

→ 御影の貴重な明治期洋館

　白鶴美術館から南へ降りて、阪急神戸線をくぐったところの香雪美術館洋館は、朝日新聞の創始者のひとり村山龍平の邸宅として建てられたもので、阪神間の洋館としては古いほうだと思う。軒下の方杖や2階窓の欄間の角が丸いところなど、セセッションやユーゲントシュティールの雰囲気をよく表現している。河合幾次は門司港レトロの旧大阪商船門司港支店の設計者として有名だ。

香雪美術館 洋館（旧村山龍平邸）
1909年　河合幾次　
神戸市東灘区御影郡家2-12-1

→ 見ておきたい村山コレクション

　旧村山龍平邸敷地内の香雪美術館は、茶人でもあった村山の茶道具や仏教美術など良質のコレクションを展示している。建物は吹き抜けのあるダイナミックな設計で、外観もすっきりとした戦後モダニズムの作品だ。薄い庇の下に垂木のようにラインを入れるなど、和風を意識している。なお、香雪とは村山の号である。

香雪美術館　[23]
1973年　大亜建設（村瀬卯市）
神戸市東灘区御影郡家2-12-1

→ 見飽きない自由な表現主義校舎

　住吉川沿いに南下して、JR神戸線を越え国道2号線を渡ってすぐの私立灘高校は、「菊正宗」の嘉納家、「白鶴」の嘉納家、「桜正宗」の山邑家らの設立した学校である。設計は宗建築事務所で、宗の晩年の作品といってよいだろう。大阪市立の小学校建築に見られるような表現主義建築で、五角形の窓はペン先を表しているのだろう。玄関ポーチの逆三角形の柱はモダンスタイルだが、そこへ変則六角形のスパニッシュ風小窓を開けるなど自由なデザインで見飽きない。

私立灘高等学校 本館
1929年　宗建築事務所
神戸市東灘区魚崎北町8-5-1

→ 戦後モダニズムの逸品

　私立灘高校校舎の北側にある体育館は、反り上がった庇や台形の袖壁など、よくできた戦後モダニズム建築だ。緑色の釉薬タイルが、単調になりがちなファサードに落ち着いた表情を与えている。

私立灘高等学校 体育館　　　　　　　[22]
1964年　設計者不詳
神戸市東灘区甲南町5-3

→ 堂々の旧町役場

　ルート最後はさらに南へ、魚崎小学校の南にある神戸市立魚崎地域福祉センターだ。玄関ポーチの上に4本の柱を立てるファサードは、このころのクラシックビルの定型なのだろうか。ここではテラコッタで飾られているが、これほど白いテラコッタは珍しい。外壁が傷んでいるが、ベージュ系の明るい色に塗り直せば見違えるほど良くなるはずだ。清水栄二は神戸市役所営繕課から独立して活躍した建築家で、神戸市立御影公会堂の設計者として知られる。

神戸市立魚崎地域福祉センター　（旧魚崎町役場）
1936年　清水栄二
神戸市東灘区魚崎中町4-3-16

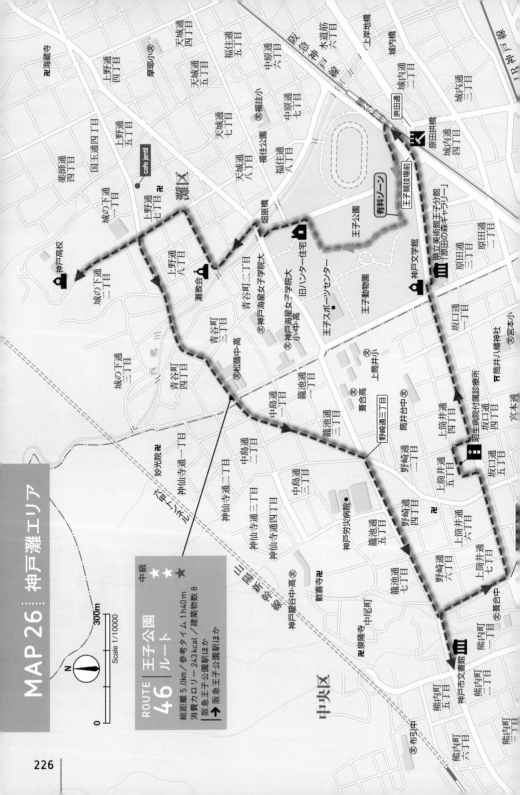

卍海蔵寺

上野通
四丁目

国玉通四丁目

薬師通
四丁目

摩耶山小⊗

天城通
四丁目

天城通
五丁目

福住通
五丁目

中原通
六丁目

水道筋
六丁目

上岸地蔵

城内橋

城内通
二丁目

城内通
三丁目

城内通
四丁目

原田拱橋

原田通
一丁目

上野通
四丁目

上野通
三丁目

cafe jenté

灘区

城の下通
二丁目

上野通
七丁目

天城通
七丁目

福住通
六丁目

中原通
七丁目

福住通
六丁目

畑原橋

原田通

王子競技場前

有科ゾーン

原田通
二丁目

神戸高校

城の下通
二丁目

上野通
六丁目

灘教会

青谷町
二丁目

⊗神戸海星女子学院大

旧ハンター住宅
(旧ハンター邸)

王子スポーツセンター

王子動物園

⊗神戸文学館

県立美術館王子分館
(原田の森ギャラリー)

原田通
三丁目

原田通
三丁目

宮本町⊗

筒井八幡神社

宮本町

城の下通
三丁目

西　郷　川

青谷町
三丁目

青谷町
三丁目

⊗松蔭中・高

⊗神戸海星女子学院大
小・中・高

王子公園

神戸学院

坂口通
一丁目

坂口通
二丁目

青谷町
四丁目

中島通
二丁目

籠池通
二丁目

中島通
二丁目

籠池通
二丁目

高倉台中⊗

青谷高⊗

上筒井⊗

昭生病院付属診療所

坂口通
四丁目

坂口通
四丁目

卍妙光院

神仙寺通
一丁目

神仙寺通
二丁目

中島通
三丁目

籠池通
三丁目

野崎通三丁目

野崎通
二丁目

上筒井通
四丁目

上筒井通
五丁目

野崎通
三丁目

上筒井通
五丁目

上筒井通
六丁目

卍

坂口通
五丁目

坂口通
五丁目

神仙寺通
三丁目

神仙寺通
四丁目

中島通
四丁目

籠池通
五丁目

野崎通
四丁目

神戸労災病院

野崎通
四丁目

卍

上筒井通
六丁目

神仙寺通四丁目

中尾町

中島通
五丁目

籠池通
七丁目

野崎通
六丁目

野崎通
七丁目

上筒井通
七丁目

神戸籠谷中高⊗

卍歓喜寺

卍泉隆寺

⊗青谷中

神戸龍谷中高⊗

神戸市文書館

熊内町
四丁目

熊内町
五丁目

熊内町
二丁目

熊内町
一丁目

中央区

⊗布引中

熊内町
六丁目

熊内町
三丁目

MAP 26 ∷ 神戸灘エリア

N

0 ───── 300m
Scale 1/10000

ROUTE 46 王子公園ルート

中級 ★★★★★

総距離 5.0km／参考タイム 1h40分
消費カロリー 243kcal／建築物数 8
→ 阪急王子公園駅ほか

ROUTE
46

王子公園ルート

市街地整備と室戸台風は関係があるのだろうか

昭（しょうせい）生病院付属診療所がどこにあるかわからず炎天下を相当探した。芦屋の電話局もそうだったが「このへんにありそう」という感覚が働かず、番地をたどっていくと唐突に現れる。京都や大阪だと、区画整理された地域には住宅ばかりで、古い電話局や病院が立地することは少ない。そう思って神戸を歩くと迷う。阪神間では市街地が一気に広がったのかも知れない。

→ バルコニーのガラス建具が秀逸

　王子動物園内にある旧ハンター住宅は、2度移築している。最初は実業家ハンターがこの建物を買ったときで、そのときにバルコニーにガラス建具が入ったらしい。窓枠の桟が模様になっていて、まるでフィレンツェの大聖堂のようなピクチャレスクな美しさを手に入れた。2回目は戦後で、保存のためにここへ移され重要文化財の指定を受けた。

旧ハンター住宅
1907年　A.N.ハンセル（推定）
神戸市灘区青谷町1-1-4（王子動物園内）

日本キリスト改革派 灘教会　　　　[23]
1926年　浜口組（浜口勇吉）
神戸市灘区上野通8-5

兵庫県立神戸高等学校 本館
（旧兵庫県立第一神戸中学校 本館）　[22]

1938年　兵庫県営繕課（担当：神田省三）
2002年改修（正面部分を保存）
神戸市灘区城の下通1-5

神戸市文書館
（旧池長美術館）

1938年
小川安一郎
神戸市中央区熊内町
1-8-21

昭生病院付属診療所
1927年　橋本建築事務所
神戸市中央区上筒井通5-1-16

→ 人を守り、人が守る

　王子動物園を出て青谷川沿いを北へ向かった**灘教会**は、室戸台風のときには石垣の高さまで増水したそうだ。この建物も数々の危難をくぐり抜けてきた。建築を計画している段階で関東大震災が起こり、それを踏まえた耐震木構造を採用している。おかげで阪神大震災も生き抜き、今はきれいに修理されている。建物が人を守り、人が建物を守ることを教えてくれる。

→ 保存されたロンドン塔

　摩耶山ふもとの**兵庫県立神戸高校本館**は、地元ではロンドン塔と呼ばれている。英国パブリックスクールを模してお城のような姿になったという。保存運動の結果、正面と塔の部分が保存された。

→ これ欲しい！良質アールデコ建築

　神戸市文書館は、池長孟の南蛮コレクションの美術館として建てられ、戦後、建物ごと神戸市に譲られた。自邸と同じ小川安一郎の設計で、こちらは良質なアールデコだ。玄関ポーチの南蛮船をかたどったアイアンワークや、ちょっと不思議なかたちの玄関扉の取っ手など、見ていて飽きない。ポーチに下がる細長い照明器具は秀逸である。

→ 裏道に突如現るアールデコ

　上筒井通5丁目の裏通りにある**昭生病院付属診療所**は、アールデコだと思う。特に玄関ポーチの庇を支える柱が下へいくほど細いのが出色だ。玄関とその上の窓の横を丸くして特注のタイルで横筋を入れるデザインもよくできている。他の窓まわりは大型のテラコッタですっきり納め、外壁タイルはレンガのようにワイヤーで切り取って表面に表情を与え

ている。玄関の照明器具も良いデザインだ。

→ 堂々の元関学チャペル

王子公園南西隅にある神戸文学館は、元は
関西学院大学のチャペルとして建てられ、大
_{かんせい}
学が移転した後、神戸市が取得し図書館など
に利用してきた。今は神戸ゆかりの文学資料
館となっている。神戸大空襲に罹災したとい
うが、外観についてはほぼ旧に復していて、
イギリス積みのレンガ壁にポインティッド
アーチが美しい。アメリカンゴシック様式な
のだろうけど、玄関まわりや妻壁にある渦巻
き装飾がちょっと不思議で珍しい。

神戸文学館
（旧関西学院ブランチメモリアルチャペル）
1904年　ウィグノール
神戸市灘区王子町3-1

→ 村野の浮いた箱

神戸文学館の向かいの兵庫県立美術館王子
分館「原田の森ギャラリー」は、村野の代表
作のひとつだ。中空に浮いた箱を列柱が支え
ている。構造体である柱頭のヒンジをデザイ
ンに取り入れているのがおもしろい。外壁表
面のざらざらした感じは、溶いたモルタルを
竹ブラシですくって投げつける手法だと聞い
たことがあるが、そのおかげで温かみのある
建築に仕上がっている。

兵庫県立美術館王子分館　　　　　　　[8]
「原田の森ギャラリー」
1970年　村野藤吾
神戸市灘区原田通3-8-30

→ 斜めに架かるアーチ橋

ルート最後、阪急神戸線王子公園駅手前の
原田拱橋のおもしろいところは斜めに架かっ
ていることだ。そのため踊るような躍動感を
この橋は得た。線路が既存の町割りのなかへ
斜めに乗り込んだためこうなった。30mほ
どあるので、本来ならばトラス組みの鉄橋で
架けるだろう。それをコンクリート造とした
のは、電車からの視界が遮られるのを良しと
しなかったのかも知れない。日本のコンク
リート工学の基礎を築いた阿部の面目躍如で
ある。

原田拱橋　　　　　　　　　　　　　[21]
1936年　阿部美樹志
神戸市灘区城内通4-7-15

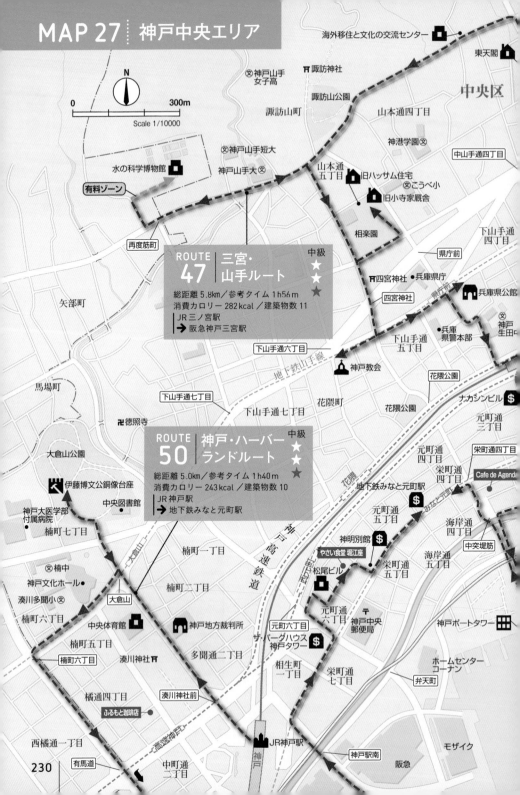

MAP 27 | 神戸中央エリア

N

0　300m
Scale 1/10000

海外移住と文化の交流センター

東天閣

㊝神戸山手女子高

諏訪神社

中央区

諏訪山公園

諏訪山町

山本通四丁目

㊝神戸山手短大

神港学園㊝

水の科学博物館

中山手通四丁目

有料ゾーン

神戸山手大㊝

山本通五丁目

旧ハッサム住宅

こうべ小

旧小寺家厩舎

下山手通四丁目

再度筋町

相楽園

県庁前

ROUTE 47 | 三宮・山手ルート　中級 ★★★

四宮神社　兵庫県庁

総距離 5.8km／参考タイム 1h56m
消費カロリー 282kcal／建築物数 11

JR三ノ宮駅
→ 阪急神戸三宮駅

四宮神社

兵庫県公館

兵庫県警察本部

㊝神戸生田

矢部町

下山手通六丁目

下山手通五丁目

地下鉄山手線

神戸教会

花隈公園

下山手通七丁目

馬場町

下山手通七丁目

花隈町

花隈公園

ナカシンビル $

元町通三丁目

徳照寺

栄町通四丁目

Cafe de Agenda

ROUTE 50 | 神戸・ハーバーランドルート　中級 ★★★

元町通四丁目

栄町通四丁目

総距離 5.0km／参考タイム 1h40m
消費カロリー 243kcal／建築物数 10

JR神戸駅
→ 地下鉄みなと元町駅

大倉山公園

地下鉄みなと元町駅

伊藤博文公銅像台座

元町通五丁目

海岸通四丁目

中央図書館

神明別館 $

中突堤筋

神戸大医学部付属病院

やさい食堂 堀江座

海岸通五丁目

楠町七丁目

松尾ビル

栄町通五丁目

楠町一丁目

㊝楠中

元町通六丁目

神戸文化ホール

楠町二丁目

神戸中央郵便局

神戸ポートタワー

湊川多聞小㊝

大倉山

元町通六丁目

〒

楠町六丁目

中央体育館

神戸地方裁判所

ザ・バーグハウス神戸タワー $

ホームセンターコーナン

楠町五丁目

多聞通二丁目

相生町一丁目

弁天町

楠町六丁目

湊川神社

栄町通七丁目

橘通四丁目

湊川神社前

ふるもと珈琲店

西橘通一丁目

JR神戸駅

モザイク

230

有馬道

中町通二丁目

神戸駅南

阪急

JR神戸駅

中山手通三丁目
一丁目

加納町
四丁目

琴ノ緒町

旭通二丁目

旭通四丁目

新生田川橋

一本通三丁目

●神戸ムスリムモスク

中山手通三丁目
●北野工房のまち

生田警察署●
中山手通三丁目

下山手通
二丁目
東急ハンズ●

下山手通
三丁目

生田神社

雲井通四丁目

三宮オーパ2
●中央区役所
中央区役所前

御幸通二丁目

御幸通三丁目

御幸通四丁目

磯上通
三丁目

JR三ノ宮駅
阪急神戸三宮駅

北長狭通
一丁目

そごう

三宮

北長狭通
二丁目

北長狭通
三丁目

JR神戸線

さんプラザ

阪神電鉄

三宮町一丁目

神戸国際会館●

地下鉄海岸線

三宮町二丁目

三宮・花時計前

八幡通
四丁目

神戸市役所●

留易センター

ROUTE
48
元町・旧居
留地ルート

初級
★
★
★

総距離 2.2km／参考タイム 0h44m
消費カロリー 107kcal／建築物数 10

JR元町駅ほか
→ JR元町駅ほか

元町通
一丁目
三宮町
三丁目

河南ビル

元町通一丁目

三宮神社
香港雑貨店 甜蜜蜜
(tim ma ma)
大丸神戸店南館東

大丸神戸店南館西

栄町通
一丁目

明石町

昭和ビル
南館

神戸メリケンビル
海岸通一丁目

海岸ビルヂング

神戸朝日ビル

浪花町
旧居留地38番館
播磨町

あいおい
ニッセイ
同和損保
神戸ビル

京町

東町

神戸市役所南

神戸市役所南

東遊園地

神戸旧居留地15番館

神戸市立博物館

ROUTE
49
海岸通・ポート
タワールート

初級
★
★
★

総距離 2.9km／参考タイム 0h58m
消費カロリー 141kcal／建築物数 11

ポートライナーポートターミナル駅
→ 地下鉄みなと元町駅ほか

海岸ビル
前町

商船三井
ビルディング

神港ビルヂング
Cafe Rest 8番館

チャータードビル

神戸メリケンビル

神戸水上警察署

京橋

メリケン波止場前

阪神高速3号神戸線

浜手バイパス

デザイン・クリエイティブ
センター神戸

新港貿易会館

神戸税関庁舎

新港
第4突堤
Q号上屋

●ホテルオークラ神戸

ファミリオ

カルメニ

旧神戸港信号所

ポートターミナル

相生町
四丁目

古湊通
二丁目

摩耶兵庫高
●

湊小
●
市立盲学校

神戸ハーバーランド
煉瓦倉庫レストラン

東川崎町
一丁目

東川崎

湊町
一丁目

ROUTE
50
神戸・ハーバー
ランドルート

東川崎町
二丁目

三宮・山手ルート

河合浩蔵のモダニズムを探してみる

水の科学博物館は白さが特徴だ。水道施設は都市の顔だが、こんなに真っ白なのは珍しい。わたしは神戸のカラーは白だったと思うが、それは河合浩蔵がここで白を使ったからそうなったのではないか。河合は装飾分解と同時に幾何学化を進めているようだ。それが独特の世界観をかたち作っている。彼のモダニズムはもっと評価されて良い。

JR 三ノ宮駅（旧国鉄三ノ宮駅）
1932年　鉄道省
神戸市中央区布引町4

→ カフェコーナーに立ち寄りたい

いよいよ神戸の中心三宮だが、スタートのJR三ノ宮駅はプラットフォームの鉄骨上屋もきれいだが、コンコースが昔のままなのが良い。柱頭をラッパ型にして、そこへ不思議な植物文様を入れている。カフェコーナーの真ちゅう製の照明器具は、古いものの再利用だと思われる見事なアールデコだ。一方、外壁側は古い部分がほとんど残っていない。

→ 内部も見所の多い元小学校

　生田神社の西を通ってすぐの旧神戸市立北野小学校は、玄関の両脇にはめ込まれた照明がかっこいい。やはり神戸市の営繕は表現主義だと思う。神戸分離派といわせてもらおう。玄関ホールの緑色の布目タイルが素晴しい。内部もほぼそのまま残されており、北側階段室上の大型シャンデリアはぜひ見ておきたい。地域特性からか、中華風なのがおもしろい。

→ イスラム装飾が興味深い

　神戸ムスリムモスクは、青いドームと尖塔を備えた本格的なモスクだ。窓の色ガラスが美しく、窓上の見慣れないイスラム装飾が興味深い。正方形をふたつ合わせた風車模様が塀にまで使われているが、これは星型なのだと思う。スワガーはチェコ出身の建築家で、東京の聖路加国際病院をレーモンドとともに取り組んだ建築家として知られている。

→ ガラス窓が美しい洋館

　東天閣（旧ビショップ邸）は王子公園の旧ハンター邸によく似ている。ここもバルコニーには当初建具がなかったのだろう。それにしても、これだけ窓ガラスを入れながら雨戸がない。逆か。雨戸がないから雨の吹込みを防ぐためにガラスを入れたのだろう。レンガ煙突が星型になっているのもおもしろい。

→ 玄関まわりがにぎやかなデコ建築

　山本通3丁目交差点から西へ向かった山際の神戸市立海外移住と文化の交流センターは、良質なアールデコだ。庇上の球体飾りは地球儀をイメージしているのだろう。くるくると動きそうではないか。庇下の照明器具は復元だろうがなかなか良い。ホール床のバリ土タ

北野工房のまち（旧神戸市立北野小学校）
1931年　神戸市営繕課
神戸市中央区中山手通3-17-1

神戸ムスリムモスク（神戸回教寺院）
1935年　スワガー建築事務所
神戸市中央区中山手通2-25-14

東天閣（旧ビショップ邸）　　　　　[21]
1894年　ガリバー
神戸市中央区山本通3-14

神戸市立海外移住と文化の交流センター
（旧国立移民収容所）
1928年　兵庫県営繕課
神戸市中央区山本通3-19-8

神戸市水の科学博物館
（旧奥平野浄水場〔急速ろ過場〕）
1917年　河合浩蔵
神戸市兵庫区楠谷町37-1

旧小寺家　厩舎
1907年頃　河合浩蔵
神戸市中央区中山手通5-3-1（相楽園内）

イルは、多少くすんでいるがそれも味わいになっている。内壁は、やすりで表面を磨いて中の小石の断面を浮かび上がらせる、モルタル研ぎ出し技法を使っているのも興味深い。

→ 神戸は白い浄水場

　次の神戸市水の科学博物館へは、山本通りを西へ道なりに少し歩く。大阪の赤レンガの水道局（柴島・十三ルート）と違って至極あっさりとしているのが特徴だ。上段アーチ窓まわりに何の装飾もないので、シャープな陰影の半円が連続するのがかっこいい。正面に市章を入れるのは大阪と同じだが建築の考え方が全然違う。装飾分解が極度に進んでいるだけではなく、幾何学化が始まっている。幾何学的な建築はスケール感が消失する。つまり建物が大きいのか小さいのかわからないおもしろさがある。不思議の国がここにある。

→ 小寺家の豪華なレンガ造厩舎

　山本通りを東へ引き返して、山本通5丁目から南の相楽園を目指そう。園内北隅の旧小寺家厩舎も河合の作品だが、水の科学博物館より10年ほど古い。そういわれれば、幾何学化がまだそれほど進んでいないように見える。丸い塔が特徴だが、そのレンガが特注の湾曲レンガなのが興味深い。ひょっとすると少し扇形になっているのかも知れない。妻側のアーチまわりの複雑な木の組み方もかっこいい。木部の面取りをした部分だけ白く塗っているのもきれいだ。

→ 正統コロニアル洋館の代表

　となりの旧ハッサム住宅は、1963年に北野町からここへ移築された。その際にガラス窓を取り払い、建築当初の姿に戻したそうだ。こうやって見ると旧ハンター邸も旧ビ

ショップ邸もよく似ている。屋根の勾配が緩いことや、台形の張り出し窓があることが共通している。

→ 原科の本格ゴシック教会

下山手通6丁目交差点近くの神戸教会は、阪神大震災を乗り越えた建物だ。塔の2階部分のゴシック風の飾り窓とバルコニーが見事で、正面アーチ上の出窓まわりも本格的なゴシックだ。関西でこれだけのゴシックのできる建築家は他にヴォーリズくらいだろう。原科準平は兵庫県豊岡市役所の設計者としても知られている。

→ 華麗で伸びやかなクラシック建築

兵庫県庁南側の兵庫県公館は、水平線を強調しているせいか、厳しさが薄れ華麗なルネサンス宮殿の趣がある伸びやかなクラシック建築だ。山口半六は、辰野金吾がコンドル先生の生徒だったころ、文部省系の留学生としてフランスへ渡り建築を習得したそうだ。この旧兵庫県庁は彼の遺作である。

→ 鉄骨のおおらかな曲線美

ルート最後の阪急神戸三宮駅は、プラットフォーム上屋の大アーチのおおらかな曲線が美しい。大型の鉄骨駅は映画に出てくる終着駅のような雰囲気があるが、関西ではここの他にはもうJR天王寺駅阪和線フォームくらいしか残っていないのではないか。ここは側面も小アーチになっていて、構造がすなわちデザインになることを意識している。武田五一の考えていたような、構造の美しさを表現した作品事例である。

旧ハッサム住宅
1902年　A.N. ハンセル
神戸市中央区中山手通5-3-1（相楽園内）

日本基督教団　神戸教会
1932年　原科建築事務所
神戸市中央区花隈町9-16

兵庫県公館（旧兵庫県　本庁舎）
1902年　山口半六
神戸市中央区下山手通4-57

阪急神戸三宮駅
1936年　阿部美樹志
神戸市中央区北長狭通1-1

ROUTE
48
‥‥‥‥‥‥

元町・旧居留地ルート

外壁保存を物悲しく
思うのは私だけだろうか

神戸は外壁保存が多いと思う。保存といいながら、その実、古い部分はほとんど残っていなかったりもする。転用保存もいくつかあるが、せっかくの華麗な銀行営業室がほとんど活かされていない場合もあるのが残念だ。保存する対象は物体ではなく、物にまつわる人の想いだろう。その建物を上手く使ってはじめて、過去の人の想いを共有できるのだと思う。

ナカシンビル（旧日本動産火災保険　神戸支部）
1938年　国枝 博
神戸市中央区元町通3-9-1

→ 元町にひっそり残るモダンビル

　JR元町駅から南へすぐのナカシンビルは、改装されていて少しわかりにくいが、よく見れば古い部分が結構残っている横長窓のモダンビルだ。おもしろいのは西面3階窓に手すりがついていること。窓下の高さが低いので、そこは畳敷きだったのかも知れない。国枝博は大阪の建築家で、滋賀県庁の設計者としても有名だ。

→ 昭和ビル裏側の葉っぱの装飾ビル

　栄町通りを東へ向かい、少し南の路地にある昭和ビル南館は、軒まわりの笹の葉のような模様や2階上部両端角にあしらわれた植物模様などまぎれもなく表現主義建築だ。2階アーチ窓と小さなバルコニーの組み合わせもおもしろい。バルコニーの下が先細りになっているのと1階入り口の庇下の曲面とが響きあって伸びやかな表情を作っている。

→ 貴重なファサード保存

　栄町1丁目北の大丸神戸店は、周辺敷地を買収して増床を重ねてきた。その際に買収した近代建築をいたずらに解体せず、外壁保存や銀行から店舗への転用保存を図ってきた。大丸神戸店のイメージは、神戸の風格ある風景のなかでこそ活きると考えたからだ。そのおかげで、大丸南側の一角は昔ながらの神戸の都市風景を楽しむことができる。南館は東西ふたつの近代建築の外壁が遺されている。南館西は、装飾分解の進んだクラシックビルだったことが分かる。

→ 東西の違いを確かめたい

　南館東は、あらためて見るととてもよい建築だ。端正なセセッションビルで、4階の窓の間の付け柱のデザインがライト風になっている。残念ながら詳細不詳だ。

昭和ビル南館　　　　　　　　　　　　　[3]
1935年　設計者不詳
神戸市中央区海岸通2-3

大丸神戸店　南館西（旧独逸染料合名会社）[11]
1926年？　設計者不詳
神戸市中央区明石町40

大丸神戸店　南館東（旧独逸染料合名会社）[11]
1926年？　設計者不詳
神戸市中央区明石町40

旧居留地 38 番館（旧ナショナルシティバンク 神戸支店）
1929年　ヴォーリズ建築事務所
神戸市中央区明石町 38

あいおいニッセイ同和損保神戸ビル（旧神戸
海上火災保険ビル）
1935年　長谷部・竹腰建築事務所
神戸市中央区明石町 19

神戸旧居留地 15 番館（旧アメリカ領事館）
1881年　設計者不詳
神戸市中央区浪花町 15

→ 必見！ヴォーリズの新古典主義

　大丸神戸店南館のとなりの旧居留地38番館は、ナショナルシティバンク神戸支店として建てられたものだ。ヴォーリズの新古典主義なんて滅多に見られない。分厚い石を貼ってはいるが、表面を荒削りのままにしているので、暖かい表情になっていて、石の黄色い色調も効果的だ。イオニア式のオーダーも控えめで柱も少し細身に見える。さすが中世主義者が作ると新古典主義も大仰さが消える。東側の大きなスチールサッシが軽快だ。

→ 細部に残る大阪ロマネスク

　続いて、あいおいニッセイ同和損保神戸ビルは長谷部・竹腰の作品だ。ほとんど装飾を使わないのは最初からこうだったのか、それとも何かが失われたのか。塗装する前はもっと素材感があったのかも知れない。最上部を水平に区切る植物模様のラインや玄関両脇の花台（花鉢は新しいだろうが）の角の飾り彫りなど、細かく見ればおもしろい部分を見つけることができる。

→ 震災から甦った明治初期の異人館

　神戸市立博物館西隣の神戸旧居留地15番館は、旧アメリカ領事館で、現存する神戸の異人館の中でもっとも古いという。耐震補強が間に合わず、阪神大震災で大きな損傷を受けた。震災で崩れたものをすべて拾い集め3年をかけて復元し、加えて、免震化も果たした。建物の基礎がずるずると滑る仕組みで地震の力を受け流す。建物が動いてしまうので、四周に空堀を設けてフタをしている。

→ 新古典主義の真骨頂

　桜井小太郎の作品はもう関西では数少な
い。様式建築の名手と謳われ、三菱系の仕事
を多く残した。京都の旧三菱銀行京都支店
（四条烏丸ルート）も彼の作品だ。ここ旧横
浜正金銀行神戸支店は、堂々としたドーリア
式のジャイアントオーダーが並び、新古典主
義建築の真骨頂といえる建築だ。1982年に
神戸市立博物館としてオープンした。

→ 湾曲した外壁が美しい

　神戸朝日ビルは、渡辺節の設計した旧神戸
証券取引所（1934年竣工）の外観を継承し
ている。取引所は1967年に閉所し、その後
映画館として使われた。街路に面した湾曲壁
面は、神戸を代表する都市景観のひとつと
して知られていた。1985年に（株）朝日ビル
ディングが買収し、高層の神戸朝日ビルに建
て替えたとき、この湾曲壁面を復元して街路
風景を継承したのは慧眼であろう。

→ デザインセンスあふれるモダンビル

　JR元町駅へ戻るトアロードから三宮セン
ター街手前の河南ビルは、ほぼ竣工当時のま
ま残っている。正面の看板まわりが秀逸なモ
ダンスタイルで、看板まわりの連続三角模様
も美しい。北側の三宮商店街側は古い部分が
よく残っている。窓上のアールデコ調の格子
飾りが楽しい。白い釉薬タイルも表情ゆたか
で必見である。

用語解説

新古典主義…民主主義の証としてローマ時代のスタイルを復興
　　　　したもので、19世紀のフランスやアメリカで盛んになる
イオニア式オーダー…オーダーとは古代ギリシャの柱の飾りかた
　　　　で、イオニア式は柱頭に渦巻き模様の装飾をもつ
ドーリア式ジャイアントオーダー…パルテノン神殿で使われてい
　　　　るのがドーリア式で、2階以上の大きさをジャイアント
　　　　オーダーと呼ぶ

神戸市立博物館（旧横浜正金銀行　神戸支店）
1935年　桜井建築事務所
神戸市中央区京町24

神戸朝日ビル（旧神戸証券取引所イメージ保存）[21]
1994年　竹中工務店
神戸市中央区浪花町59

河南ビル（旧河南工藝社、旧河南商店）
1935年　原科建築事務所
神戸市中央区三宮町2-9

海岸通・ポートタワールート

岸壁沿いの白い建物を神戸ホワイトと名付けた

海岸通を取材している途中で気がついた。チャータードビルから海岸ビルヂングまですべて白い。岸壁沿いに白い建物の並ぶ港町の風景は世界中にある。特に東アジアには多いのではないか。海岸通の建物を白くすることは、当時の建築家のあいだで了解されていた暗黙のルールだったのではないか。それを仮に神戸ホワイトと名付けるならば、最初に考えたのは河合浩蔵だったろうと思っている。

新港第4突堤 Q号上屋
（旧新港第四突堤 鉄道上屋）
1931年　神戸市営繕課
神戸市中央区新港町4

→ 外国航路への玄関口

ポートターミナル駅東の旧新港第四突堤鉄道上屋のデザインは、至って落ち着いたアールデコだ。正面玄関の扉の幾何学模様が美しい。歩道橋と建物の間が線路で、建物東側の長い庇がプラットフォームの跡だ。ここで汽車を降り、そのまま外国航路の客船に乗り込むことができた。数々の豪華客船がこの桟橋を利用したのだ。建物越しに豪華客船の巨体が見えるようではないか。

→ 船をイメージさせるデザイン満載

　第3突堤手前の新港貿易会館の船のブリッジのようなコーナーの横長窓や、船窓のような丸窓のデザインはモダンビルの特徴だ。玄関両脇のはめ込み照明や、その横の丸窓の幾何学模様がアールデコだ。スクラッチタイルは表面に白い焼きムラのある珍しいものだ。そのおかげで壁面に明るい表情を作り出している。

新港貿易会館（旧神港相互館）
1931年以前　神港相互館
神戸市中央区新港町8

→ 清水のネオゴシック大作

　となりのデザイン・クリエイティブセンター神戸（愛称KIITO）は最初、神戸市立の検査所として建てられた。その後に国立となり、東側に増築している。2012年にアート系まちづくり拠点として改修された。古い部分をほぼ残しており見応えがある。正面玄関の階段親柱の花のレリーフは見事だ。階段裏が三次元曲面になっているのも見逃せない。

デザイン・クリエイティブセンター神戸（旧国立生糸検査所）
旧館（道路側）：1927年 清水栄二、新館（東側）：1932年 置塩 章、2012年改修　佐藤総合計画
神戸市中央区小野浜町1-4

→ 華やかな時計塔と玄関アーチ

　向かいの神戸税関は、円筒形の時計塔とその下の玄関まわりが華やかだ。玄関庇がそのまま残っているのも珍しく、庇を支えるアールヌーボー風の鉄の梁が美しい。玄関アーチの上に並ぶ列柱の柱頭もよく見れば創作柱頭だ。クラシックに見せながら、その実、装飾分解を極度に進めている。大蔵省営繕課の大熊喜邦の作品である。

神戸税関 庁舎
1927年　大蔵省営繕課（大熊喜邦）
神戸市中央区新港町12-1

チャータードビル
（旧チャータード銀行　神戸支店）
1938年　J.H.モーガン
神戸市中央区海岸通9

神港ビルヂング（旧川崎汽船　本社ビル）
1939年　木下建築事務所
神戸市中央区海岸通8

商船三井ビルディング（旧大阪商船　神戸支店）
1922年　渡辺 節建築事務所
神戸市中央区海岸通5

海岸ビル
（旧三井物産　神戸支店）
1918年　河合浩蔵
神戸市中央区海岸通3
（下層のみ）

→ モーガンの大技炸裂

　海岸通に出てひとつ目のチャータードビルは、イオニア式オーダーの新古典主義建築を2階までにとどめ、その上に何気ない風を装いながらモダンビルのデザインを積み足している。これほど自然に、これほどの大ワザの使える建築家はそうはいないだろう。東側入り口の回転ドアまわりの大理石製のオーダーなど、細部の装飾も正式な様式である。

→ 抑えに抑えた装飾美

　神港ビルヂングは、どこか禁欲的なところがある。まったく装飾を排除したわけではない。装飾をなくせばモダニズムになるわけでもないことがよくわかる。塔上部の4隅の扇型の装飾がクライスラービルを思わせるように、基本はアールデコといえる。抑えに抑えた装飾が、逆にビルに輝きを与えているようだ。

→ 渡辺の華麗な装飾オンパレード

　商船三井ビルデイングは、渡辺節の華麗な装飾のオンパレードだ。複数の入り口があるが、それぞれデザインを変えている。南西コーナー部のアーチの縁飾りは波模様に見え、丸いコーナー部にアーチをかけているので3次元曲面になっているが、それをものともしない石工の仕事を愛でよう。アーチ上のメダリオンの左右にも波模様がある。そう思って見ていると、このコーナー全体が船のへさきに見えてくる。ちなみに西側入り口アーチの縁飾りは花模様だ。

→ 河合とライトの共通点

　海岸ビルは河合浩蔵の作品で、商船三井ビルディングより4年古いだけなのでほぼ同時代だが、こうして並んでいると渡辺との違い

がよくわかる。河合はここでも大胆な装飾分解を進めている。あらゆる部分が簡略化され原形が消失している。おもしろいのは保存されている玄関扉窓下の装飾がライト風に見えることで、河合の装飾分解はライトの建築と共通するものがあるようだ。

→ 復興時にファサードを変更

次の神戸メリケンビルは、戦災復興の際に大幅にファサードが変更された。手掛けたのは、大阪ガスビルディング（北船場ルート）の設計で有名な、大阪の安井武雄である。資料によれば、安井は設計コンペで選ばれたそうだ。壊滅的といわれた被害からよくよみがえらせたものだ。

→ 神戸ホワイトの原点

海岸通の神戸ホワイト最後は、貿易商兼松商店の本社として建てられた海岸ビルヂングで、海岸ビルより7年前の河合の作品だ。元は屋根に三角破風が付いていて今よりももっと派手だった。わたしは今のほうが少し落ち着いて良いと思うが、そっと屋根をかけてあげたい気もする。正面2階窓上の植物文様はオリーブだろうか。河合とライトとの共通点は幾何学化だろう。装飾分解によってモダニズムを用意しようとしたわけではなく、幾何学化そのものを楽しんでいるように見える。

→ みなとこうべの象徴

ルート最後の神戸ポートタワーだが、見れば見るほど、どうなっているのかわからなくなる。全体が竹カゴのように編みこまれているらしいが、縦方向は丸い材なのに横方向は自転車のチェーンのような形をしている。外側を赤にして中の構造物を白くしたのも正解で、ライトアップされた姿はなお美しい。

神戸メリケンビル（旧神戸郵船ビル、　　[11]
旧日本郵船 神戸支店）
1918年（1953年改修）　曾禰中条建築事務所
（改修設計：安井武雄設計事務所）
神戸市中央区海岸通1-1-1

海岸ビルヂング（旧兼松商店 本社屋）
1911年　河合浩蔵　
神戸市中央区海岸通3-1-5

神戸ポートタワー　　　　　　　[10]
1963年　日建設計・大阪　
神戸市中央区波止場町5-5

神戸・ハーバーランドルート

ずっと気になっている建物がわたしにはある

　　っと気になっている建物というものがある。たとえば旧第一銀行神戸支店なども そうだ。最初に見たときには、倉庫として使われていた。2階の円窓が アーチ窓に改造されているのがかわいそうだった。その後、外壁保存されて地下鉄 出入口となった。いまは再度補強されてマンションの一部となっている。それでも、 2階窓はアーチ窓のままだ。早く元通りに戻してやってほしいと今でも気になって いる。

JR 神戸駅（旧国鉄神戸駅）
1934年　鉄道省
神戸市中央区相生町3-1-1

→ 見所満載のコンコース

　いよいよ本書最後のルートのスタートJR 神戸駅は、コンコースの円柱上部のラッパ型 柱頭の植物模様が美しい。柱の腰部分がモル タルの研ぎ出し仕上げなのも良い味を出して いる。東京の上野駅に似ているといわれる が、実は、小樽駅や大連駅も上野駅に似てい る。似ているのではなく上野型とでも呼ぶべ きひとつのパターンなのではないかと思う。

→ 外壁保存の在り方とは

　大倉山公園へ向かう途中の神戸地方裁判所だが、いつ見てもなんともいえない気持ちになる。なぜこうなってしまったのか。屋根がなくなってバランスが失われているとわたしは思う。かわいそうだと思わなかったのだろうか。河合浩蔵の設計で、良く見ると、すでに装飾分解が始まっているのが見える。彼はこの仕事の後、ずっと神戸で仕事を続けた。

神戸地方裁判所
1904年　河合浩蔵
神戸市中央区橘通2

→ 力強い系のモダニズム体育館

　神戸市立中央体育館の本体から張り出した部分は大きな柱で計8本ある。その上に大梁を「井」のかたちに組み、最上階の大アリーナの天井を吊り下げ、柱のない大空間を実現させた。この構造は神戸大教授だった尭天義久氏（1921-2013）の設計で、地震時に柱と屋根が別々に動く免震構造となっている。そのおかげで神戸の震災で大きな被害を受けず救援拠点として活躍することができた。

神戸市立中央体育館　　　　　　　　　　[23]
1965年　設計者不詳（構造設計：尭天義久）
神戸市中央区楠町4-1-1

→ 台座に残る武田らしさ

　大倉山公園の伊藤博文公銅像は、銅像そのものは失われ、台座も公園整備のために場所を移動している。裏側のベンチの下に武田五一の名前が彫られているから探してみよう。八角柱の上に不思議な形の柱頭があり、その上に木造の桁先のような突起がついている。柱の足元がベンチになっていて、いつも座ってみたい誘惑にかられる。

伊藤博文公 銅像台座　　　　　　　　　[18]
1911年　武田五一
神戸市中央区楠町7（大倉山公園内）

神戸ハーバーランド 煉瓦倉庫レストラン
明治30年代　設計者不詳
神戸市中央区東川崎町1-5

→ 震災にも耐えた元レンガ倉庫街

　JR線をくぐり、国道2号線を渡って、神戸ハーバーランドに向かう。ハーバーランド敷地内の煉瓦倉庫レストランは、レンガ倉庫の転用で、阪神大震災に耐えた建物だ。被災直後にここを歩いて、なんてレンガ造は丈夫なんだろうと思ったのを覚えている。その時できたであろう斜めの傷跡も、レンガ壁の表情を深くしている。時代を経たものしか持てない味わいがレンガ建築の魅力である。

→ 役目を終えた港の信号所

　煉瓦倉庫から海沿いに東に向かって、高浜岸壁南端の旧神戸港信号所は、海岸通・ポートタワールートで見た旧神戸港駅のある第4突堤の先端にあったが、役目を終えここへ移築され保存されている。エレベータ付きの信号所は珍しかったそうで、46.3mもあるそうだ。そんなに大きいとは思わなかった。ちなみに神戸ポートタワーは103mである。

旧神戸港信号所　　　　　　　[21]
1921年　設計者不詳
神戸市中央区東川崎町1-5

ザ・パークハウス神戸タワー（旧ファミリアホール、旧三菱銀行神戸支店）
1900年　曽禰達蔵
神戸市中央区相生町1-10

→ 神戸に残る曽禰の絶品

　ハーバーランドからはなれ、JR神戸駅の東側を経由して神戸中央郵便局の向かいのザ・パークハウス神戸タワーは、大林組の設計施工により外壁を保存している。外壁はバラバラに切り分けた後、再度組み上げたそうだ。1階と2階の高さの比は2：3に見える。設計者の曽禰達蔵が精妙な比率を重んじる新古典主義者であることがよくわかる。ちなみに曽禰達蔵は辰野金吾の同級生である。

→ 建築家たちの夢の具現化

　神戸元町商店街に入ってすぐの松尾ビル、これはおもしろい。北側ファサードが波打っていて、明らかに表現主義的な大正分離派建築である。竹中工務店の設計施工だが、竹中もこんな建築を作っていた時代があったのがおもしろい。1920年代の建築家たちの夢のひとつがここに残っている。ちなみに、波型は港町神戸を表しているというのが建築探偵の推理である。

→ 秀逸のデザインセンス

　神明別館は、帝国生命保険神戸出張所として建てられた。文化庁のデータに1949年の改修とあるのは空襲復旧だろう。そのとき外壁の装飾を失ったのだろう。その後タイルが貼られるなどファサードが変わってしまっていたが、2004年に竣工当初の姿に復元したそうだ。なかなか良い復元だとわたしは思う。

→ 辰野が神戸に残した赤レンガ

　さて、本書最後の目的地地下鉄みなと元町駅は、元は第一銀行神戸支店として建てられたものだ。古い写真を見ると、南側2階の窓が本来丸窓だった。丸窓の並ぶ赤レンガ建築とは、なんとおもしろいのだろう。空襲で被災し、復旧時に丸窓はアーチ窓に作り変えられたが、良く見ると、丸窓の中心から斜め下へも石貼りのラインが残っている。装飾分解が進んでいるが、三角破風のラインなどは細く繊細で辰野らしさが表れている。

松尾ビル（旧小橋屋呉服店 神戸支店）　[21]
1925年　竹中工務店
神戸市中央区元町通6

神明別館
（旧帝国生命保険 神戸出張所）
1921年　清水組
神戸市中央区元町通5-2-8

地下鉄みなと元町駅（旧第一銀行 神戸支店）
1908年　辰野葛西建築事務所
神戸市中央区栄町通4-4-7

か

さ

た

な

は

ま

や

ら

わ

エリア	ルート	店名	住所	電話番号	おすすめ
	23	ISTA COFFEE ELEMENTS	大阪市中央区北久宝寺2-6-1 大百物産ビル1F	06-6241-0707	カプチーノのラテアート、ジェラート
11	24	Cafe & Curry Buttah	大阪市中央区東心斎橋1-8-20	06-6241-5273	築50年の長屋を改造、カリーセット、自家製ブラウニー
	24	Creperie Alcyon	大阪市中央区難波1-4-18	06-6212-2270	ガレット、オムレットバナーヌ、各種ランチ
12	25	うどん 讃く	大阪市福島区福島2-8-3	06-6454-66131	全粒粉入りのうどん、朝定食
	26	martha	大阪市西区江戸堀3-8-16	06-6446-2314	マーサランチキーマカレー
	27	四ツ橋カフェ	大阪市西区新町1-25-13	06-6538-0008	オムライス、ケーキ
13	28	神山ロビー	大阪市北区神山町2-5	06-6130-9889	「日本一こだわり卵』を使用したオムライスやプリン
	29	Cafe ゆう	大阪市北区芝田1-10-3	06-6377-6777	ホットサンドセット、五穀の恵みクロワッサンサンド
14	30	Cheerly	大阪市中央区石町2-3-13	06-6945-5507	自家菜園の野菜料理
15	31	hang	大阪市中央区玉造2-16-25 大江ビル1F	06-6762-2515	日替わりランチのみ
	32	The Coffee Market 145	大阪市天王寺区堂ヶ芝2-14-5 エレガントライフ堂ヶ芝1F	06-6773-1450	朝カフェ、日替わりパスタランチ、日替わりスープランチ
	32	OSTERIA CAPRA	大阪市天王寺区上本町6-8-21	06-6772-9997	隠れ家イタリアン、本日のパスタ
16	33	café 百花	大阪市天王寺区四天王寺1-14-27 植田ビル1F	06-4303-4485	和食職人が作るだし巻き卵定食、厚焼き玉子サンド
	34	金魚カフェ	大阪市阿倍野区阪南町1-52-5	06-6622-0021	ちょっと妖しい長屋リノベーションカフェ、金魚鉢のクリームソーダ
	34	友安製作所 Cafe & Bar 阿倍野店	大阪市阿倍野区阿倍野筋2-3-8	06-6627-2004	村野藤吾氏設計の建築をリノベーション、ハンバーガーセット、日替わりケーキ
17	35	mt. cafe	大阪市淀川区新北野1-11-23 ハイム北野 B1F	06-6303-6639	ランチ16:00まで、ハンバーガー
18	36	珈琲倶楽部かるがも	大阪市北区天神橋6-7-19	06-6357-8582	レトロ感満点の喫茶店、水出しコーヒー、4種類のモーニングセット
	36	珈琲館ビクター	大阪市北区天神橋4-8-29	06-6353-2899	ケーキセット
	37	西天満 ミツバチ堂	大阪市北区西天満2-9-2 真和ビル中1F	06-6363-3288	栄養バランスのとれた日替わりランチ
19	38	八六八ビル	堺市堺区少林寺町東1-1-27	072-221-4005	コンクリートの壁に囲まれた店内、八六八の気まぐれグラタン、全粒粉入りのスコーン
	38	自然食カフェ GRAN	堺市堺区南三国ヶ丘町1-1-17	072-228-4580	日替わりバランスプレート
20	39	唯我独尊	岸和田市宮本町41-1	072-432-4784	自家製ソーセージカレー、唯我独尊オリジナルブレンドコーヒー
	40	おばんざい アヤコ食堂	岸和田市五軒屋町16-11	072-433-1188	「コシノ3姉妹』の生家を改装、小鉢付きの日替わり定食
21	41	珈廊 CARREAUX	池田市上池田2-2-38	072-751-5553	メニュー表がない不思議な落ち着く空間
22	42	なないろカフェ	尼崎市開明町2-1-1 尼崎市開明庁舎内1F	050-7132-7228	1937年築の小学校を改装、ローストビーフランチ、生パスタランチ、ケーキセット
23	43	だいにんぐ・かふぇ Fujita	西宮市川添町2-3	0798-20-3597	珈琲、紅茶、週替わりランチ、クラフポーテン、ビーフシューセット
24	44	cafe BradipO	芦屋市西山町1-5	0797-26-6101	ナマケモノブレンド、kaopanのカスタードトースト
	44	Come Come	芦屋市茶屋之町1-12	0797-23-4486	からだにやさしいごちそうカフェ、セイロ蒸しお昼ごはん、じっくり煮込んだカレープレート
	44	ICHIJI	芦屋市業平町1-20	0797-69-6388	ビーン・トゥ・バーチョコレートの専門店、キッシュ、チョコレートスイーツ
25	45	神戸にしむら珈琲店 御影店	神戸市東灘区御影2-9-8	078-854-2105	神戸の老舗珈琲店
	45	レストラン モーヴ	神戸市東灘区魚崎北町4-14-10	078-452-2313	旬の野菜や魚を使った欧風料理
26	46	cafe jentil	神戸市灘区上野通7-5-18	078-767-3355	モーニングセット、牛すじカレー&サラダのセット
27	48	香港甜品店 甜蜜蜜 (tim ma ma)	神戸市中央区三宮町3-1-16 三星ビル地下	078-322-3530	漢方食材入りの香港粥、季節の香港スイーツ、中国茶
	49	Cafe Rest 8番館	神戸市中央区海岸通8 神港ビルヂング	078-331-7363	日替わり8番館弁当(数量限定)、居留地8番カレー、海岸通8番プリン
	49	Cafe de Agenda	神戸市中央区栄町通3-2-8 松尾ビル2階	078-325-1025	種類豊富な季節のケーキ、ホットドリンク、ソーダドリンク
	50	ふるもと珈琲店	神戸市中央区多聞通4-4-11	078-341-6607	炭火焙煎コーヒー、モーニングサービス
	50	やさい食堂 堀江座	神戸市中央区元町通6-3-3	080-7041-5711	やっぱりやさいカレー、チャイ

おわりに

本書の編集は延々史哉氏から三上真優氏へ引き継がれた。過密な改訂スケジュールをよくコントロールして無事出版できたのはひとえに三上氏のおかげだ。ありがとうございました。延々氏の作ったカフェリストは本書の人気コーナーだが、それも三上氏によって修正加筆されている。まちを歩くことがさらに楽しくなると思う。

　今回追補した写真はわたしが撮ったが、そのほかは前書のとおり浜野聖大氏、西尾温氏、田村真朗氏の美しい写真を使った。エディトリアルデザインは前書の米倉英弘氏の親しみやすい体裁を再利用した。修正の多かったマップは前書と同じく千秋社に作っていただいた。複雑な原稿の差し替えはミカブックスの橋村氏がご担当くださった。また建築家の吉村篤一先生は2010年に本書の筆者としてわたしを推薦してくださった。諸氏の陰なる働きによって本書は成り立っている。ありがとうございました。

2023年6月　円満字 洋介

円満字洋介
Yousuke Enmanji

1960年大阪府生れ。修復建築家、水彩画家、文筆家。西日本建築探偵団と称してまちを歩く。京都工芸繊維大学建築学科卒。円満字建築事務所代表。京都精華大学、摂南大学他の非常勤講師。著書に「隠岐ノ島旅スケッチ」（大龍堂書店2010年）、「京都まち遺産探偵」（淡交社2013年）他。

編集協力	ミカブックス
ブックデザイン	米倉英弘（細山田デザイン事務所）
カバー写真	鍵岡龍門
写真撮影	浜野聖大、西尾温、田村真朗
地図制作協力	株式会社千秋社
印刷・製本	株式会社加藤文明社

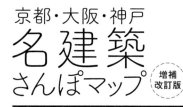

京都・大阪・神戸 名建築さんぽマップ 増補改訂版

2023年9月24日　初版第1刷発行

執筆・写真撮影	円満字洋介
発行者	澤井聖一
発行所	株式会社エクスナレッジ 〒106-0032 東京都港区六本木7-2-26 https://www.xknowledge.co.jp/
編集	TEL：03-3403-1381 FAX：03-3403-1345 mail：info@xknowledge.co.jp
販売	TEL：03-3403-1321 FAX：03-3403-1829